ウクライナ侵攻とグローバル・サウス

別府正一郎
Beppu Shoichiro

a pilot of wisdom

目次

目次・図版・レイアウト／MOTHER

ロシア
ハルキウ
ポルタワ
イジューム
ルハンシク州
クレメンチュク
ドニプロ
ルハンシク
ドネツク州
ドネツク
ドニプロ川
ザポリージャ
マリウポリ
ミコライウ
ザポリージャ州
ヘルソン州
ヘルソン
アゾフ海
クリミア半島
黒海
は著者取材ポイント

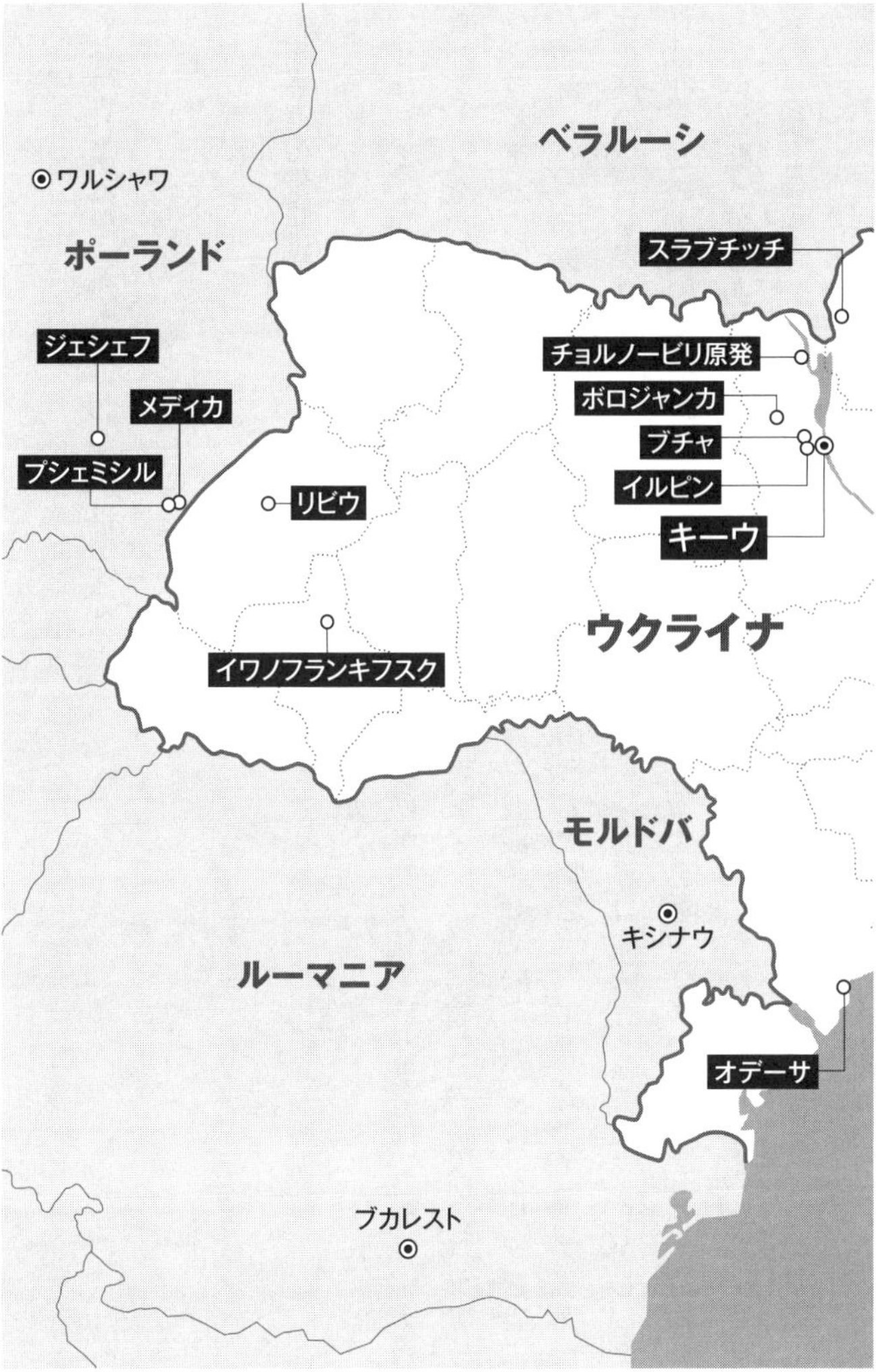
ベラルーシ
ワルシャワ
ポーランド
スラブチッチ
ジェシェフ
チョルノービリ原発
ボロジャンカ
メディカ
ブチャ
プシェミシル
イルピン
リビウ
キーウ
ウクライナ
イワノフランキフスク
モルドバ
キシナウ
ルーマニア
オデーサ
ブカレスト

はじめに　かみ合わない世界で

まさかの侵略戦争

こういうことはもう起きないはずではなかったのか。

２０２２年２月24日、ロシアによるウクライナ侵攻が始まり、ロシア軍はウクライナの首都キーウを含む北部のほか東部や南部などへの攻撃を一斉に開始した。事前にロシアはウクライナとの国境に19万人規模と見られる兵力を展開させていたが、それが牙をむいた。

ロシアのウラジーミル・プーチン大統領はこの武力攻撃を正当化するために「ウクライナ東部の住民を保護するためだ」などと喧伝《けんでん》して「特別軍事作戦」と呼んだ。しかし、これは独立した主権国家の政府転覆をもくろみ、その領土を奪おうという野心を抱えた紛れもない侵略戦争である。第二次世界大戦の惨禍を受けて誕生した国連は、その憲章で、国家の主権と領土の一体性を守ることを柱にしている。世界のほぼ全ての国が国連に加盟している以上、侵略戦争は理論上起きないはずである。しかし、それが起きてしまった。それもその国連の安全保障理事会の常任理事国によってだ。

常任理事国は190以上ある国連加盟国の中で、ロシアとアメリカ、中国、フランス、イギリスの5か国しかおらず、いまだにこの5か国だけが拒否権という、いわば特権を得ている。特権だと言えるのは、仮に安保理で自国に不利な決議案が採決された時も、拒否権によって否決して葬り去ることができるからだ。このため常任理事国だけは安保理決議によって国連から制裁を科されることは理論上ない。しかしそれほどの特権を持っているのは、世界の平和と安定のための重い責任を負っていることを意味しているはずだ。

さらに、ロシアは大量の核兵器で武装した核保有国でもある。世界の核軍縮を目指すNPT（核拡散防止条約）のもと、ロシアのほかアメリカ、中国、フランス、イギリスだけが核保有を認められている。一方で、NPTはこれら5か国にも、誠実に核軍縮交渉を行なう義務を課している。しかしロシアはその核を、あろうことか公然と威嚇のために使っている。侵攻が始まった2月24日の国民向けテレビ演説で、プーチン大統領は「ソビエトの解体後かなりの能力を失ったものの、今日のロシアは依然最強の核保有国の一つだ」と述べたのをはじめ、その後も核の力を誇示し続けている。

国連は不十分ながらも、東西冷戦の時代も含めて80年近く、国際法に基づく国際秩序を保つために重要な役割を果たしてきた。また、これまた不十分ながらも、人権の擁護に加えて、保健や教育の普及、貧困の削減、気候変動のような環境問題の改善など、よりよい世界を目指す国際社会の取り組みを推進してきた。ロシアによるウクライナ侵攻は、こうした第二次世界大戦後の世界の秩序に真っ向から挑戦し、その努力を台無しにしかねないものだ。

その上、対立は侵攻するロシアと国土を防衛するウクライナの2か国だけに留《とど》まらない構図になっている。ウクライナはNATO（北大西洋条約機構）への加盟を希望していて、NATO加盟国のアメリカやイギリスなどから軍事支援を受けている。政治的にも選挙による政権交代が行なわれ、報道の自由もある。外交的には欧米諸国や日本などが支持している。一方のロシアはプーチン大統領の長期政権が続き、反体制派や独立したメディアが弾圧される「権威主義国家」だ。外交的には中国や北朝鮮とも関係が深い。冷戦終結から30年以上が経《た》ち、もはやそんなことは起きないはずだとも思われていたが、ロシア、ウクライナを超えた、二つの大きな「陣営」がぶつかり合うような事態に拡大する危険が再び現実のものとなった。

2022年2月24日は、後から振り返れば「第三次世界大戦」が始まった日になるのか、世界は一気に緊迫した。

キリマンジャロからポーランドへ

息つく暇もなかった。

その日、私は5泊6日の日程で行なっていたキリマンジャロの登山取材から下山して久しぶりにインターネットに接続できるようになり、ロシアの軍事侵攻が始まったことを知って愕然《がくぜん》とした。そして、この新たな戦争の取材に多くの時間を充てることになるだろうと直感した。と同時に憤りを覚えた。

キリマンジャロの取材は気候変動の問題に警鐘を鳴らすことを目的に行なったものだった。アフリカ最高峰のキリマンジャロは熱帯のジャングルにありながら、頂上には万年雪をたたえ、その美しい姿はヘミングウェイの小説『キリマンジャロの雪』でも描かれ世界的に知られている。ところが、その氷河は地球温暖化の影響で毎年のように溶けて縮小しており、国連の調査では今後20年ほどで完全に消滅すると予測されている。

登頂を支えてもらった地元タンザニアのガイドやポーターたちは「キリマンジャロの雪

が危機に瀕している問題を世界に広く訴えて欲しい」と語り、その思いのバトンを受け取った以上、しっかり報道しなくてはと気を引き締めていた矢先だった。気候変動という人類共通の脅威に立ち向かうため国際的な協調が進められていて、さらにいっそう推進できるかどうかが問われている時代に、よりによって他国の領土を武力で奪おうという露骨な侵略戦争が起きた。「世界には侵略戦争なんかしている余裕はないはずだ。時計の針を昔の白黒映画の時代に巻き戻すようなことが今さら起きるものなのか」と思いながら、山頂に登ったばかりの達成感はあっという間に消え、登山の道具を急いでまとめた。

タンザニアからアフリカ取材の拠点で支局がある南アフリカのヨハネスブルクにいったん戻り、すぐに荷造りしてウクライナの隣国ポーランドに飛んだ。乗り換えのために立ち寄ったワルシャワの空港では、搭乗口からバスに乗って国内便の飛行機に向かったが、滑走路には雪が舞っていた。標高5895メートルのキリマンジャロの頂上は凍《い》てつく寒さだったが、ポーランドも厳寒だった。

再び戦場へ

私の戦争取材が再び始まった。

ワルシャワから南東部のジェシェフに到着すると、すでに取材を始めている同僚たちと合流し、ウクライナから国境を越えてポーランドに逃れて来た人たちに話を聞き始めた。ウクライナとの国境の町メディカには、女性や子ども、それに高齢者たちが小さな荷物だけを持って続々と逃れて来ていた。人々の表情は疲労と恐怖でこわばっていた。

それと同時に、ウクライナに入るための準備を始めた。空爆が続く中、当たり前のことだがウクライナを離発着する飛行機は早々になくなっていた。列車は動いているが、駅に行ってもウクライナ行きの時間は全く読めないと言われた。国境を越える長距離バスならば運行していると聞き、バス会社の切符売り場に向かい座席を購入した。これで移動手段は確保できたと思ったものの、翌日にはウクライナ行きのバスは全てキャンセルとなったと連絡が来た。結局は、歩いて国境を越えるしかないと、ポーランド側での国境までの車とウクライナ側での迎えの車の手配をした。そんな動きをしていると、気持ちも記憶も2003年に連れ戻された。

その年の3月20日、アメリカはイラク戦争に踏み切り、首都バグダッドにミサイル攻撃を開始した。私は開戦後の2003年から2007年までカイロ支局に駐在し、一時期はバグダッドと6週間おきに往復しながら、4年にわたってイラク戦争を現地で継続的に取材した。当初は隣国ヨルダンの首都アンマンから陸路で国境を越えてバグダッドに向かったこともあった。片道13時間の移動だった。アンマンでバグダッド行きの大型車を探して、運転手と値段などを交渉した日々が思い出され、「20年近く経って、場所がアンマンからジェシェフに変わったとはいえ、相変わらず国境越えの移動のための車の手配をしていて、やることが変わっていないのはいかがなものか」と自嘲しながらも、「また戦場に向かうことになる。またあの『問答無用の緊張感』にさらされることになるのか」と覚悟を決めた。

イラク戦争の教訓

それにしても世界はイラクで侵略戦争がうまくいかないことを嫌というほど見せつけられ、懲りたのではなかったのか。

2003年のイラク戦争も、アメリカという国連安保理の常任理事国が起こしたものだ。確かにアメリカは武力行使をめぐり、ぎりぎりまで安保理の承認を得ようとイギリスとともに外交努力を行なった。しかしフランスが戦争による混乱の拡大は容易に予想されるなどとして、拒否権の行使も示唆しながら反対の論陣を張ったこともあって、最終的にアメリカは安保理の承認を得ることを断念し、イギリスなどの有志国だけで武力行使に乗り出した。後に当時の国連のアナン事務総長は「国連憲章に合致しておらず、国連憲章に照らして違法な戦争だった」と公言することになる。

アメリカはバグダッドに「衝撃と恐怖 Shock and Awe」と名付けた作戦で大量のミサイルを撃ち込み、イラク側の戦意を打ち砕くことをもくろんだ。開戦からわずか3週間でバグダッドは陥落し、フセイン政権は崩壊した。そして開戦から6週間後の5月1日、当時のブッシュ大統領は大規模な戦闘の終結を早々に宣言した。最初は順調にいっているかのようだったがすぐにほころんだ。その後の占領政策は迷走し、イラクがイスラム教の異なる宗派間の内戦に陥ったために、駐留アメリカ軍は、結局2011年末までイラクから撤収することができないまま、戦争は8年以上も続くことになった。

その間にイラクにもたらされた混乱と破壊、犠牲の多さは目を覆うばかりだ。武力攻撃による犠牲に加えて、開戦後に入り込んだイスラム過激派勢力による大規模なテロが相次ぎ、無数の市民が殺された。その数をめぐっては公式な統計はないが、イギリスの民間団体「イラク・ボディー・カウント」の調査では、開戦からの10年で12万人と見られる市民が犠牲になり、これにイラクの治安組織のメンバーやアメリカ軍などの兵士、さらには武装勢力側の死者も加えると17万人を超えるとしている。

しかも、アメリカが喧伝した「フセイン政権が大量破壊兵器を隠し持ち、国際テロ組織アルカイダとつながっている」という開戦の大義も当初から強く疑問視されたが、完全なまやかしだったことが明らかになった。「アメリカ軍がバグダッドに入城すれば、サダム・フセイン大統領の独裁からの解放者としてイラク国民からお菓子と花束で迎えられる」という話も流布されたが全く的外れだった。イラク戦争の失敗によってアメリカの国際的な威信は大きく傷つき、世界の超大国ともてはやされた開戦前までの姿はなくなった。

プーチン大統領は、アメリカのイラク戦争のような失敗はしないとでも考えているのだろうか。そもそもプーチン大統領自身がイラク戦争の開戦に反対し、ロシアが国連安保理でフランスとともに拒否権を行使する可能性を示唆していたことすら忘れているのだろうか。それなのにウクライナ侵攻をめぐってとっている行動は、当時のアメリカのものとそっくりに見える。ウクライナ侵攻で主張する「ウクライナのネオナチ政権からの東部住民の保護」という理由にしても、「ロシアとウクライナは同じ民族だ」という理屈にしても、多くの人がどのような根拠があるのかと首をかしげている。また「短期間でウクライナの首都キーウを陥落させる」という短期決戦をもくろんだと言われるが、それも実現しなかった。さらに「ロシア軍がキーウに入城すれば、ウクライナ国民に歓迎される」という見通しがあったとも指摘されていたが、これも的外れだった。

それにもかかわらずプーチン大統領は、２０２２年９月には「住民投票」と称する活動を経て、ウクライナの東部と南部の４つの州の併合を一方的に宣言し、領土的野心をむき出しにした。イラク戦争でさえも、アメリカはフセイン政権崩壊後のイラクに政治的な影響力を及ぼすことは狙ったとはいえ、イラクから領土を奪い取り、アメリカへの併合をもくろむような暴挙にまでは出なかった。

結束できない国際社会

この衝撃的な事態に対して、さらに衝撃的なことも起きている。

これほどのあからさまな侵略行為を前にしても、国際社会は一枚岩になってロシアの行為を非難しているわけではないということだ。ロシアを制裁などで孤立させることもできていない。それどころかロシア寄りの姿勢を見せる国も多いという驚くべき現状なのだ。

その兆候は侵攻直後から現れた。３月２日、国連総会でロシアに対して「国際的に承認された国境線の中にあるウクライナの領土からの即時、完全、無条件に全ての部隊を撤収することを求める」といった内容の決議案をめぐる採決が行なわれた。193の国連加盟国のうち、141か国が賛成し採択された。反対はロシア、北朝鮮、シリアなどわずか5か国だった。ロシアが拒否権を持つ常任理事国であることから、安保理でロシアの侵攻を批判する決議が採択されることは理論的に考えられず、実際、侵攻翌日の2月25日にアメリカが安保理に提出した決議案はロシアの拒否権で否決された。こうした中、全ての加盟国が等しく1票を持つ国連総会での決議は法的な拘束力を持たないものの、国際社会の意思を示すものとされる。

しかし、主権と領土の一体性の尊重という国際法の根本的な原則を確認する内容のこの決議案について、実に35もの国が棄権したのだ。この中にはロシアの友好国の中国や、ロシア製の兵器を大量に購入しているインドなどの新興国も含まれる。さらに35か国の半数近い17か国がアフリカの国々だった。アフリカ諸国の投票行動を見ると、54か国のうち賛成したのは28か国に留まった。逆に言えば、反対したエリトリアのほか、17か国が棄権し、8か国が無投票と、ほぼ半数の国がロシア非難に加わらなかった。この傾向はその後も変わらなかった。その半年あまり後の10月12日に国連総会で、今度はロシアによるウクライナ東部と南部の州の一方的な併合宣言を違法だとする決議案の採決が行なわれた際も、同じくインドや中国のほか、アフリカの19か国を含む35か国が棄権した。

ロシアの侵攻や一方的なウクライナの領土の併合を批判することは、ある意味自明のはずだ。歴史的にも、新興国や途上国はヨーロッパ列強の植民地支配や東西冷戦時代の米ソの介入に翻弄されてきていて、大国の小国に対する軍事攻撃には真っ先に反対しそうなものだ。実際イラク戦争をめぐっても、開戦直前の２００３年2月に当時のフランスのシラク大統領が主催してフランスとアフリカ諸国の首脳級の会合が開催された時には、開戦に反対するフランスの立場をアフリカの52か国が支持していた。しかし、それから20年近くが経った今、今回のウクライナ侵攻においてはロシアを非難する欧米から明らかに一線を画す新興国や途上国の姿勢が見られている。

何かが変わっている。何かがかみ合っていないのだ。

台頭するグローバル・サウス

こうした、地球の主に南半球にある新興国や途上国は「グローバル・サウス」と呼ばれている。

米ソの東西冷戦時代は「第三世界」と呼ばれていたアジア、アフリカ、中南米などは、経済のグローバリゼーションが進む中で、その恩恵を受けずに、むしろ負の側面が現れていることが多い地域だ。グローバル・サウスという表現に明確な定義はないが、特にここ数年、国連や外交で使われることが多くなっている。中国やインドはグローバリゼーションの負の側面というよりは、むしろその波に乗って経済成長を果たしてきただけにグローバル・サウスに含めるかどうかをめぐって議論はあるが、自分たちは含まれると考えているようだ。インドは2023年1月、初めて「グローバル・サウスの声サミット」という首脳級のオンライン会合を主催し、120か国以上が参加する中でモディ首相は「自分たちの声を大きくしていこう」と呼びかけた。中国にいたっては、世界第2位の経済大国でありながら、いまだに「世界最大の途上国」だと自らを位置づけている。一方で、日本やアメリカ、イギリスなどのG7（先進7か国）をはじめとした、地球の主に北半球に位置する「先進資本主義国」のことを「グローバル・ノース」と呼ぶ人もいる。

そのグローバル・サウスの動向がウクライナ侵攻を受けた国際社会の対応の鍵を握っているという世界の新たな現実をしっかりと直視すべきだろう。

イギリスの政治経済誌『エコノミスト』の調査では、ロシアを非難し制裁を科したのは、欧米や日本などのいわゆる西側の国々に限られていて、こうした国々の人口は世界人口で見ればおよそ3分の1に過ぎない一方で、中立的な立場だったり、ロシア寄りだったりする国々の人口を合わせせると、世界人口の実に3分の2も占めると指摘している。

しかも、こうした国々は今後も人口がさらに増加し、経済力も国際政治での発言力も増していくと見られている。欧米だけが世界だという世界観に固執すれば「ロシアは国際社会から孤立している」という見方になるのかもしれないが、この見方は一面的で狭いものだと言わざるを得ない。

ウクライナ侵攻をめぐっては、欧米の「西」とロシアや中国の「東」の対立という構図で見られることが多い。しかし実際にはもう一つ、「北」と「南」の分断も浮かび上がっているようだ。

パラレル・ワールド

このことは取材を進めるうちに、リアルな現実として次々に私の目の前に現れた。

私はウクライナの現場での取材と、南アフリカのヨハネスブルクを拠点にアフリカというグローバル・サウスの現場での取材を交互に行なうことになったが、双方を行き来するうちに、あるいは行き来したがゆえに、あることに愕然とすることになった。それはこの侵攻をめぐる基本的な認識がこれらの国々で全くかみ合っていないことだった。

ウクライナでは人々は空爆や砲撃にさらされ、命に加えて電気も水も奪われ暮らしが破壊されている。ロシアに国土が侵略され、平和を守るために抵抗せざるを得ない状況に追い込まれている。そうした中で最愛の一人息子が兵士となり戦死し、墓の前で涙を流す母親にも出会った。私自身、幾度もロシアの暴挙を前に言葉を失い、立ちすくんだ。そのウクライナは国際社会に向けてロシアの侵略に反対して欲しいと叫び続けている。

その一方で西アフリカのマリに取材で入った時には驚くべき光景を目にすることになった。首都バマコの幹線道路を車で走っていると、マリの国旗を売っている場所で何枚ものロシア国旗も売られていたのである。「このご時世にロシアの国旗が堂々と売られるのか」とにわかに信じられない気持ちになった。さらに市場でマリの国旗とともにロシア国旗を掲げている男性たちに話を聞くと、ウクライナ侵攻については「悪いのは欧米であり、ロシアは抵抗しているに過ぎない」などと言うのだ。かつてフランスの植民地で、独立後も旧宗主国のフランスと密接な関係を維持して欧米寄りと見られてきたマリだが、フランスへの反発を強める中で急速にロシア寄りになっていた。

こんなに情報通信が発達した時代に、いや、むしろそうした時代だからこそだが、ウクライナの現実と乖離《かいり》した正反対の現状認識が広がっているのだ。ロシア国内での「ウクライナの政権がネオナチだ」、「ロシアは欧米に抵抗している」というプロパガンダを指して「プーチン大統領はパラレル・ワールドに閉じ込められている」と指摘する声がある。しかし、マリの現地で見たように、グローバル・ノースとサウスの間でも全く相反する現状認識がパラレル・ワールドのように並立している場面を、私は現地取材を続ける中で繰り返し目の当たりにすることになった。

これはいったい何を意味しているのだろうか。

新たな世界で起きた新たな戦争

ロシアのウクライナ侵攻の報に接して、私は最初「白黒映画の時代ではあるまいし」と思った。確かに東部ドンバス地域などで地上戦が展開され、塹壕《ざんごう》が掘りめぐらされているさまは古い戦争映画のシーンのようだ。また、軍事侵攻し占領した領土の一方的な併合を宣言するなどはいかにも古典的だ。

しかし、この新しい戦争はやはり変化する新しい世界で起きているものなのだ。

イラク戦争によってアメリカの威信が大きく傷つき、国力も影響力も落ち込む中で、欧米主導だった国際社会の力関係はこの20年間で大きく変化し、グローバル・サウスの存在感が高まる、より多極化した新しい世界が出現している。西側であれ、グローバル・ノースであれ、「北」の理屈や世界観、利益を「南」に押しつけることはもはやできなくなっている。ウクライナ侵攻はこの「大きな変化」を白日の下にさらしたという点でも歴史的だといえそうだ。

それは大航海時代から植民地主義に乗り出し、産業革命を経て世界を武力や経済力で支配してきた西洋中心の世界の終焉《しゅうえん》を意味していると言ってもいいかもしれない。である以上、我々に問われていることは明確だ。それはこの新しい世界における真の国際連帯を構築できるかどうかということだ。それをもってでしか、ロシアによる軍事侵攻という暴挙を食い止めることはできないだろう。

かみ合っていない世界の現状認識はどうなっているのか、そして、お互いが対立する相手をパラレル・ワールドにいると非難するような分断の時代を乗り越えることはできるのか。そのためにはどうしたらよいのか。その答えを求めて、ウクライナやアフリカそれぞれの現場を走り出した。双方のリアルをつぶさに見ていく。そこから何かが浮かび上がり、何かがつかめるかもしれない。いや、つかまえねばならない。

覚悟していた通り、あの「問答無用の緊張感」にさらされる日々が始まった。

＊人物の年齢・肩書、データの数字などは基本的に取材当時のものです。

第1章　常任理事国の暴挙

駅のホームで

そこには戦争のリアルな現実があった。

２０２２年3月11日、ポーランド国境の町メディカの検問所で出国の手続きをし、１キロほどを歩く。ポーランドでもウクライナでもない、いわゆる国境線の上を歩くのだ。そうしてウクライナの検問所で入国のスタンプを押されると、そこから先はウクライナだ。国境の町シェヒニからは事前に手配していた車で西部の主要都市リビウの市内に向かい、すぐに中央駅に向かうと、ウクライナ各地から逃れて来た人たちで大混雑だった。

地下通路には長い列ができていて、ポーランド行きの列車が到着すると、人々は一斉にホームに上がり列車に乗り込んでいった。列車の通路や荷物置き場は、たちまち衣類などが詰められたトランクでいっぱいになった。誰もが手近な身の回りの物だけを詰め込んで逃げ出したことがうかがえる。人々の表情からは、ここに来るまでの必死の脱出の疲労感、そしてこれから自分の国がどうなってしまうのだろうという不安が伝わってきた。

ホームは悲しみに包まれていた。ウクライナ軍の兵士が列車の入り口の前で、ひとりひとりの書類を確認していた。列車に乗れるのは女性と子ども、それに高齢者だけだった。

ウクライナ西部リビウの中央駅は国外に脱出しようという人々や国内の西部の町に避難しようとする人々で大混雑だった。（画像提供：ＮＨＫ　2022年３月12日）

多くの男性はホームから見送るしかなかった。ウクライナ政府はロシアの侵攻が始まるとただちに戒厳令を出し、18歳から60歳の男性は兵役に動員される可能性があるとして出国を原則禁じたからだ。ひとたび戦争が始まると国民の自由が国に制限されてしまう現実だった。

首都キーウ近郊から逃れて来た37歳のエンジニア、デミトリ・オリシェンコさんもその一人だった。妻の44歳のオクサナさんと17歳と４歳の二人の息子だけを列車に乗せ、出発するぎりぎりまでホームから携帯電話で話をし続けた。その間、オクサナさんは涙を拭い続けた。最後は手を振りながらホームを出て行く列車を見送ったデミトリさんは「長男は状況を理解しているが、次男はなぜ父親が一緒に来ないのか分かってくれなかった。家族にはすぐ会えるからと伝えるしかなかった」と涙目で話した。インタビューの後、すぐにキーウに戻るため別のホームに向かっていった。

国連などは侵攻開始からほぼ1か月後の3月20日の段階で、国内外で避難を余儀なくされている人が1000万人を超えたと発表した。国民の実に4人に1人だ。「第二次世界大戦以降、ヨーロッパで最大の難民危機」だと言われた。前日19日の時点で338万人がポーランドやルーマニアなど国外に出ており、16日の時点でそれよりも多いおよそ648万人が国内で避難していた。国外に逃れる人よりも国内の別の都市に避難する人の方が多かった。リビウの中央駅前の広場も多くの人でごったがえしていた。リビウまで来て、そこからリビウ市内や近郊で避難しようとする人たちだ。支援団体が彼ら彼女らに一時滞在先を案内したり、軽食を出したりしていた。言葉が通じず通貨も異なる外国に行くよりも、同じ国の中で安全な場所があればそこに留まりたいと思うのは自然なことだろう。

拡大する攻撃

しかし、そのリビウにもロシア軍の攻撃は及んだ。

3月13日朝、リビウから西におよそ40キロ離れたウクライナ軍の施設「国際平和維持治安センター」が空爆を受け、地元の知事によると30発以上のミサイルが発射されて35人が死亡、130人あまりがけがをした。

その5日後の3月18日にはリビウ市内にも攻撃が行なわれた。午前6時半頃、爆発音が聞かれ、国際空港近くにある飛行機を整備する施設にロシア軍の複数のミサイルが撃ち込まれた。そして3月26日にはリビウのさらに中心部にも攻撃が及んだ。午後4時半頃、私はようやく遅い昼食を取り終わってレストランの外へ出たところだった。防空サイレンが鳴り始めたため、慌てて取材拠点のホテルに向かい始めると、ドーンドーンという複数の爆発音が聞こえた。雷のような音だった。すると市の北東部の方向で黒い大きな煙が上がっているのが見えた。そのおよそ2時間半後の午後7時頃、今度は市の中心部から5キロほど離れた軍の関連施設でも複数の爆発があった。地元当局は一連の爆発について、いずれもロシア軍によるミサイル攻撃で、合わせて7人がけがをしたと発表した。

防空サイレンは断続的に鳴り続け、そのたびに人々は地下道や建物の地下室に避難した。夜中に鳴ることも多く、「昨夜は地下室で過ごしてほとんど眠れなかった」と、朝、疲れた表情で話す人も多かった。どこまで攻撃が広がるのか、不安は高まる一方だった。

兵士の遺族

こうした中で私は人々の強い意志に触れることにもなった。

ロシア軍の攻撃で死亡したウクライナ軍兵士の遺族が取材に応じた。人づてに連絡をとり、リビウ市内のウクライナ軍兵士の官舎で出迎えてくれたのは51歳のオレナ・ヤスチュイシンさん。夫のオレハさんが13日の「国際平和維持治安センター」へのミサイル攻撃で死亡した。55歳だった。オレハさんはこのセンターで若い兵士を指導する教官だった。

この攻撃の様子について、たまたま同じ施設で外国人教官を手助けするため通訳のボランティアをしていた次女で22歳のタニアさんが詳しく話してくれた。それによると、朝の5時半頃に激しい爆発音があって、タニアさんは滞在していた建物から急いで逃げて地下のシェルターに避難した。しばらくしてシェルターから屋外に出ると、父親が滞在していた隣の建物は完全に崩壊していた。すぐに母親のオレナさんも現場に駆けつけて捜索の様子を見守ったが、翌日、がれきの下から見つかったオレハさんの死亡を確認したという。

部屋のテーブルにはオレハさんの遺品として大事にしていた腕時計が、軍の証明書とともに並べられていた。それを前にオレナさんは亡くなった夫について、「非常に頼りがいのある夫だった。壁のようにしっかりとしていて、私や娘たちはいつも守られているように感じていた。夫が亡くなったことが実感できず現実のこととして受け入れられない」と涙ながらに話した。

一方でオレナさんは気丈だった。「ロシアの軍事侵攻は絶対に許されないことだ。ロシアはウクライナのような民主的な国の発展を後戻りさせようとしている。ロシアに奪われたあらゆる領土を取り戻し、ロシアを完全に抑え込まなければならない」と話した。娘のタニアさんも同じだった。「ロシアが二度とウクライナを攻撃しないようにするには完全に勝利するしかない」と言い切った。

最初に話を聞いた遺族から語られた徹底抗戦の強い気持ちに、私は最初どう理解したらよいのかと戸惑った。夫や父親を亡くした悲しみからあえて気丈に振る舞っているのではないかとも思った。妻のオレナさんは結婚するまでは軍で勤務していたと言うし、娘のタニアさんも軍でボランティアをするほどだから、国防意識が特に強いのかもしれない。あるいは外国の記者の前で弱音は見せたくないのか。

しかし、彼女たちの反応はウクライナではごく一般的なものだった。その後ウクライナでの現地取材を続ける中で、私はさまざまな場面でこの徹底抗戦の意志に繰り返し触れ、その意味を理解していくことになる。

アメリカの「計算」

リビウも本格的な戦場になることに備えていた。

各地の通りにはバリケードが築かれ、検問所が設けられていった。地元の住民が参加する自警団組織も続々と結成された。検問所には手製の火炎瓶が住民たちによって次々に運び込まれていた。市内にもさまざまなポスターや看板が貼り出されるようになっていた。ロシア語で「国に帰れ」と記されたものもあった。ロシア軍が市内に侵攻してきた場合に兵士たちに読ませようという狙いからだ。

特に目を引いたのが、ウクライナの国旗のデザインに合わせた青と黄色のポスターでClose the sky not your eyesと記されていたものだ。訳せば「現状から目を背けるな。それよりも空を閉じよ」となる。英語で書かれているのだから、当然西側に向けられたメッセージだ。より具体的にはNATOに対して「飛行禁止区域」の設定を求めるものだった。「飛行禁止区域とは、敵国の戦闘機からの攻撃を防ぐために航空機が入って来るのを禁じる空域を設けることだ。ウクライナ政府はロシア軍の戦闘機による空からの攻撃を防ぐため、繰り返しNATO加盟国にその設置を要請していた。空爆で多くの犠牲が出ている中、ウクライナ側にとっては切実な要請だった。

しかし、アメリカなどは否定的だった。仮に飛行禁止区域を設けて、そこに入って来たロシア軍機を撃墜するようなことになれば、ロシアとの直接的な衝突になってしまう。アメリカとしては、それは何としても避けたい。仮に米露の軍事衝突となれば、第三次世界大戦につながりかねず、核戦争という最悪の事態にもなりかねないと懸念されている。バイデン大統領は侵攻直後の2月26日に公表されたインタビューで「選択肢は二つある。ロシアとの戦争に突入して第三次世界大戦を始めるか、国際法を真っ向から否定する行為をした国に代償を払わせるかだ」と述べ、第三次世界大戦を引き起こさないためにも制裁を科すことで対応すると強調した。

拒否権を行使するロシア

しかし、こうした間にもロシアはウクライナ全土で攻撃を激化させていった。首都キーウの攻略を目指して部隊を北方から進め、郊外の町ブチャやイルピンなどが大きな被害を受け始めた。東部ドネツク州のマリウポリもロシア軍の大規模な攻撃を受けていた。マリウポリ出身のジャーナリスト、41歳のニコライ・オシチェンコさんは、3月11日から12日にかけて、家族と暮らすマンションがロシア軍の爆撃を受けて大きく破壊された。その後、家族とともにマリウポリから脱出できたオシチェンコさんは「依然、何十万もの人が、電気も水道もなくなった状態で恐怖に怯《おび》えて過ごしている。暖房もなく氷点下の寒さで凍えている」と訴えた。

そのマリウポリでは16日、大勢の市民が避難する劇場までもが爆撃を受けた。劇場の外の地面にはロシア語で「子どもたち」と大きく白い文字で書かれていた。ロシア軍に対して子どもの存在を知らせて空爆をしないよう訴えるためだったが、それにもかかわらず空爆され建物は崩れ、300人以上が死亡したと伝えられた。オシチェンコさんは「マリウポリの劇場は恋人が待ち合わせの場所にするなど、市民の幸福な日常を象徴するような場所だ。そこまでもが攻撃を受けるとは」と絶句した。

ロシアは、どのような暴挙に出ても誰からもとがめられることはないと開き直っているかのようだった。実際そうした姿勢をとることが可能な余地があった。国連安全保障理事会の常任理事国だからだ。安保理は15か国で構成されるが、このうちの10か国は任期が2年で交代する非常任理事国で拒否権はない。安保理で決議が採択されるためには9つの国が賛成し、かつ常任理事国の反対がないことが必要となっている。つまり、常任理事国は自らに不利な決議案が提案されても拒否権で否決できる。国連は加盟国間の平等を謳《うた》っているが、国連の発足を主導した第二次世界大戦の戦勝国が一貫して大きな力を持つ組織だ。

ロシアはこの特権をあますところなく使っている。侵攻開始翌日の2月25日、アメリカなどが安保理にロシアの侵攻を国連憲章違反だと非難し、武力行使の即時停止などを求める決議案を提出した。決議案には11か国が賛成したが、中国、インド、UAE（アラブ首長国連邦）は棄権、そしてロシアが拒否権を行使したために否決された。

アメリカのトーマスグリーンフィールド国連大使は「この決議案を拒否しても、真実や原則それにウクライナの国民や国連憲章を拒否できない」と述べてロシアを批判した。これに対し、ロシアのネベンジャ国連大使は「ロシアは東部の住民を守るために特別な作戦をしている」との持論を展開した上で、ロシアが拒否権を乱用したとの批判はあたらないと反論した。さらに「アメリカが他国に侵攻してきた歴史を見れば、倫理を語る資格はない」と指摘するのも忘れなかった。

安保理の、さらに言えば国連の機能不全は隠しようがなく露《あらわ》だった。

3歳の少年

その代償はウクライナの人々が払うこととなった。

3月16日、リビウ郊外の森の中にあるキャンプ場を訪れた。コテージが建ち並び、夏の間は家族連れや子どもたちの修学旅行で賑《にぎ》わう場所だ。本来ならばその時期は閑散期だが、ウクライナ各地からの避難者を受け入れていて、取材した日はおよそ30の家族が身を寄せていた。家族と言っても女性と子どもたちだけだ。

職員の案内で避難者の部屋を訪ねながら話を聞いた。ティモフェイ君という3歳の少年もいた。母親と祖母、曽祖母とともに1週間前に東部のハルキウから逃れて来た。キャンプ場にたどり着いたのがちょうど3歳になった誕生日だったという。父親は仕事があり、家を守るためにハルキウに残っていた。

59歳の祖母のガリナさんが「住んでいた町はロシア軍の激しい攻撃を受けて、何もかもが破壊された」と話し、ぽろぽろと涙を流した。ティモフェイ君は部屋の一番奥で、34歳の母親スビトラさんの後ろに隠れて大きな声でずっと泣き続けていた。私だって息子のいる父親だ。我が家の息子はもう成人しているが、小さい男の子の扱いには慣れているつもりだ。「ティモフェイ、こっちにおいで。遊ぼう」と話しながら近づいたが、泣き声は大きくなるばかりだ。苦しそうな表情で、両手で耳や目をふさぎ、「見たくもないし聞きたくもない」と訴えていた。完全に拒否されているのが分かった。

スビトラさんはすまなそうな表情をしながら、「たくさんの砲撃を見たり聞いたりした上、ハルキウから逃げる途中でもロシア軍の銃撃を受けた。それ以来、男の人を見ると兵士が来たと思って怖がるようになっている」と打ち明けた。祖母のガリナさんが「あなたと、あなたの横にいるカメラマンを兵士だと思っているし、カメラマンの持っているカメラを武器だと思って孫が怖がっている」と付け加えた。「ティモフェイ、怖がらせてごめんなさい」と言いながらすぐに部屋を出た。

キャンプ場では子どもたちの心のケアのために遊びや勉強などの活動が行なわれていた。その日はボランティアによって粘土細工の教室が開かれ、会場の部屋に子どもたち10人ほどが集まった。その部屋の外で柱に隠れて見ていたら、ティモフェイ君もスビトラさんに手をつながれてやって来た。さっきまで泣いていたので、頬にはまだ涙のあとがあった。

部屋に入ってもティモフェイ君はスビトラさんの膝の上からは下りようとしなかったが、ボランティアの説明で周りの子どもたちが楽しそうに粘土をこね始めると笑顔も戻り、少しずつ粘土を触り始めた。ティモフェイ君もだが、どちらかというとスビトラさんの方がうれしそうで、熱心に作り始めた。30分ほどして作品ができ上がった。クリーム色の壁に紫色の三角屋根の家だった。森に囲まれた家ということだった。スビトラさんは「明るく生きていけるように明るい色で作った。我が家が一番だから」と話した。何回も「我が家が一番だ」と繰り返した。

戦争によっていとも簡単に破壊される日常生活。誰も否定できない戦場のリアルが広がり始めていた。

第2章　対話が通じない相手

破壊された町で

4月の首都キーウはまだ肌寒かった。

ウクライナ軍の抵抗と反撃を受けて、ロシア軍はキーウの攻略を断念する形で4月上旬までに北部から撤退した。それと同時にキーウ近郊のブチャやイルピンなどでロシア軍が行なっていたすさまじい破壊と残虐行為の実態が明らかになり始め、ウクライナはもちろん、世界に衝撃が広がっていた。

4月23日、侵攻開始から2か月になるのを前に私はリビウからキーウに移動し、すぐにイルピンに向かった。キーウ中心部からは車で40分ほどの郊外の住宅街だ。イルピンに向かう道路では、キーウを出たすぐのところにある橋が落ちていて、その部分は迂回《うかい》する必要があった。ロシア軍の戦車が首都に入って来られないようにウクライナ側があえて橋を破壊して落としたのだ。キーウはミサイル攻撃などを受けた一方で、ロシア軍の地上部隊が押し入ることはぎりぎりのところで免れたのだった。首都のすぐ近くまでロシア軍が迫っていたのかと思うと恐ろしい気持ちになる。

イルピンの町の中心部では一軒家やアパート、それに商店などの建物が空爆や砲撃で崩れたり、火災で焼けたりしていて大きく破壊されていた。また銃弾によるとみられる穴だらけの乗用車もあちらこちらに放置されていた。電気や水道も止まっていた。それでもロシア軍の撤退後、少しずつ住民が避難先から戻ってきていた。あるアパートの前では薪を燃やして料理する住民たちの姿があった。そのうちの一人の女性はウクライナ名物のボルシチを作っていた。「生きているだけでもよかったと思っている。とはいえ、このような生活をすることになるとは全く思っていなかった」と話していた。

町の破壊やインフラが寸断された状況に加えて、人々の心も大きな傷を負っていた。教会に支援物資をもらいに来ていた75歳の男性、エフゲン・カラショフさんは身寄りがなく、ロシア軍が占拠していた間も自宅に留まっていたという。自宅の目の前でロシア軍に殺害されたとみられる近所の男性の遺体があったと証言した。「一度しかない人生なのに、そのような形で亡くなる人たちが不憫《ふびん》でならない」と言葉を絞り出すようにして話した。

町の中心部に暮らす62歳の女性、ナタリヤ・チュカロさんも自宅が大きく崩れていた。3月2日、自宅がロシア軍による爆撃を受けたという。台所の床下には地下室への小さな出入り口があり、そこからはしごで降りることができる。爆撃があった時はたまたまその地下室に避難していたため九死に一生を得たという。「爆撃の後、しばらくして地下室から出ると、家の中がぐちゃぐちゃに壊されていて恐怖でいっぱいになった」と話した。その爆撃の直後、キーウに脱出して親戚のもとで避難生活を続けていたが、ロシア軍の撤退を受けて4月23日にイルピンに戻ると、自宅はさらに多くの攻撃を受け、被害はいっそう大きくなっていた。居間の天井には丸い大きな穴があいていて、床はすり鉢状にえぐられていた。居間の真上から着弾したのは明らかで、大きな穴からは空が見えた。チュカロさんは「多くの人が殺された。ロシア軍がなぜこのようなことをする必要があるのか理解できない」と話した。その通りだと思った。ある日突然、居間の真上から爆撃を受けるようなことを想像しながら生活する人はいるだろうか。インタビューの途中でチュカロさんはぽろぽろと涙を流した。ウクライナの人たちへのインタビューでは、話の途中で実に多くの人の目から涙があふれた。

「ロシア兵が入ってきた！」

こうした中で、キーウ北方およそ100キロにあるチョルノービリ原子力発電所、ロシア語でチェルノブイリ原発にもロシア兵は押し入った。この原発は1986年に史上最悪の事故を起こしたことで世界的に知られている。現在は事故を起こした4号機は「石棺」

チョルノービリ原子力発電所は1986年の事故以来、今も廃炉作業などが続いているが、そこをロシア軍は１か月あまり占拠した。（写真提供：ユニフォトプレス）

と呼ばれるコンクリートなどの構造物に加えて、その外側を鋼鉄の巨大なシェルターで覆われ、放射性物質の飛散を防ぐための対策がとられている。周辺では今も高い放射線量が計測され、半径30キロ以内は「立ち入り禁止区域」に指定されて、地球上で放射能汚染が最も深刻な場所の一つとされる。

そこにロシア軍はウクライナ侵攻が始まった２月24日に押し入り、撤収するまで１か月あまりにわたって占拠したのだ。その時のことを45歳の女性エンジニア、ルドミラ・コザクさんは鮮明に覚えていた。チョルノービリ原発では４号機以外の１号機から３号機までの廃炉作業や残されている使用済み核燃料の管理などのためにおよそ２７００人が働いている。コザクさんもその一人だ。スラブチッチの町で行なったインタビューで、コザクさんはロシア兵が侵入してきた様子について、開口一番「恐怖でパニックになった」と目を大きく見開いて語った。まだその時の恐怖が残っているのは明らかだった。「時間も覚えている。２月24日の午後３時45分だった。兵士たちは２００人ほどで黒い服を着ていた」と話した。原発はウクライナの治安組織が警備しているが、圧倒的な武力を前に抵抗もできなかったという。

コザクさんはそのままロシア軍の占拠の下で過ごすこととなった。職務を続けながら、安全管理をきちんとしなければ再び深刻な事態になりかねないと強い不安を抱き続けていたという。４月９日に外部からの電源供給が一時失われる事態も起きた。「ロシア兵に対して発電機を動かすための燃料を用意しないと大変なことになると訴えたこともあった」と緊迫した現場の様子を話した。

「ロシア軍はいったい何を考えているんだ？」

技術責任者のアンドリーイ・ビリックさんもロシア軍が侵入してきた時のことを鮮明に覚えていた。チョルノービリ原発で事故の翌年から35年間働いてきた58歳のベテラン職員の男性だ。「その日はスラブチッチの事務所で勤務していて、部下からの電話でロシア軍が押し入ったとの報告を受けた。『ロシア軍はいったい何を考えているんだ？』と愕然とした」と振り返った。と同時に大きな不安が押し寄せたという。「最悪のシナリオとして最も懸念したのは、ロシア軍が石棺と巨大なシェルターを爆破するなどして破壊し、放射性物質が飛び散るような事態だった。そうなれば広い範囲で汚染が起きてしまうと心配した」と話した。

ビリックさんはロシア軍の兵士たちが原発の安全性への配慮もなければ、そもそも危険性すら理解していなかったと考えている。ロシア軍は重量の重い軍用車両などで敷地内を動き回り、地中にある放射性物質が土とともに拡散したと指摘した。原発の西側にある一帯は1986年の事故で多くの放射性物質を取り込んで枯れた松の木々が赤茶けた色になったために「赤い森」と呼ばれているが、「土壌が汚染された赤い森の一帯でロシア兵が塹壕を掘った形跡がある。ロシア側は安全への知識が何一つなかったとしか思えない」と話して、信じられないという表情をした。

捕虜収容所

それにしてもこのような行為をしたロシア軍の兵士はどのような者たちなのか。

ロシア兵やロシア側の戦闘員から直接話を聞く方法はないかと考えて、ウクライナ司法省に捕虜収容所の取材申請を行なった。難しいかもしれないとは思っていたが、しばらくすると、司法省から収容所の様子をいくつかのメディアに公開するとの返事が来た。

取材にはいくつかの条件がつけられた。まず収容所の場所について「ウクライナ国内」ということ以外は明らかにしてはならないということだった。また収容されている戦争捕虜のほか、収容所の職員の顔も明かしてはならず、写真や映像にはモザイクをかけるようにと言われた。さらに携帯電話の持ち込みも禁じられた。一方で捕虜からは事前に取材を受けることについては同意を得ていて、インタビューしてもよいという説明だった。

有刺鉄線が張り巡らされ、高い塀に囲まれた収容所にはオレナ・ビソチカ副司法相が来て、自ら報道陣を案内した。ベッドが並べられた寝室や診療所、それに運動場を案内された。食堂では捕虜たちのメニューも見せられ、パンの試食も勧められた。ビソチカ副司法相は、インタビューで「収容所ではＩＣＲＣ（赤十字国際委員会）の訪問を受け入れていて、捕虜を国際人道法に基づいて扱っている」と述べた。外国のメディアに捕虜を適切に扱っていることをアピールしたい狙いは明らかだった。

その上でビソチカ副司法相は「多くのウクライナ軍の兵士などがロシアによって連れ去られ捕虜になっている。何人がロシアに捕らわれているかは交渉に影響するので明らかにできないが、たくさんいる。はっきり言えるのは、捕虜交換をするためにはもっと多くのロシア側の捕虜が必要だということだ。ウクライナ軍にはもっと捕虜をつかまえて欲しい」と率直に述べた。

生身の人間が「交換材料」になる。これもまた戦時下のリアルだった。

ロシア側の戦闘員たち

捕虜のいる部屋に案内された時だ。机に向かって作業をしていた男性たちは動かしていた手を止め、一斉に起立してこちらを向いた。16人ほどだった。全員同じグレーの服を着ていた。不安そうな表情を浮かべる者もいたが、「何しに来たんだ」とでも言うような力強い視線を送る者もいた。誰もが言葉を発せず、黙ってこちらを見ていた。その視線に居心地の悪さを感じたが、「突然、日本人、アジア人の男性が部屋に入って来たのだから、驚いているのはむしろ彼らの方だろう」と思った。

収容所の職員に聞くと、我々が取材した時点で収容されているのはいずれも男性で、20代が多いが、最年少は18歳で、50代もいるということだった。ベッドにつけられていたひとりひとりの名札には生年月日が記されていて、確かにざっと見た限り20代が多かった。取材中確認できた範囲で、少なくとも20人が収容されているのは分かった。ただ案内してくれたビソチカ副司法相に何回か聞いたが、そのたびに「この収容所で何人が収容されているかについても交渉に影響するので明らかにできない」の一点張りだった。

捕虜になっているのはロシア軍の兵士だけではなく、親ロシア派の武装勢力の戦闘員も含まれている。ウクライナ東部では、２０１４年からロシア軍の後ろ盾を受けている親ロシアの武装勢力がルハンシク州とドネツク州の一部を占拠し、その後ウクライナからの独立を一方的に表明して、「ルガンスク人民共和国」と「ドネツク人民共和国」という国家を樹立したと宣言している。

この二つの「人民共和国」と称するものについて、ロシアのプーチン大統領は侵攻直前の2月21日に大統領令に署名し、「独立」を承認したと発表しているが、ロシア以外に目立った承認の動きはない。ルハンシク州とドネツク州は合わせてドンバス地域と呼ばれている。ロシアと国境を接していて、歴史的にも経済的にもロシアとつながりが深い。ロシア語を第一言語にして生活している住民も多い。ロシア軍は侵攻当初はウクライナの首都キーウの陥落をもくろんだが、4月上旬までに撤退した後は、戦力をこのドンバス地域などに振り分けた。

収容所の中庭では4人ほどの捕虜が木製の家具の製作をしていた。そのうちの一人がインタビューに応じた。インタビューの前に私は自己紹介し、インタビューを受けることに問題はないかと、2回ロシア語の通訳を通して尋ねた。2回とも「問題ない」という答えだった。男性は親ロシア派の武装勢力の戦闘員だった。29歳だという。グレーの作業着を着てグレーの作業帽をかぶっていた。手錠など体を拘束するものはつけられていなかった。体格がしっかりしていて、両手を体の後ろで組み姿勢を正してインタビューに応じた。

——なぜ戦闘に参加したのか?

「1月に『ルガンスク人民共和国』と契約を結んだからだ」

——どういう目的だったか?

「何も知らないままだった。上官は、最初『戦闘は3日間で終わり、すぐに家に戻れる』

と説明していた。どこに行くのかも何をするのかも告げられないまま出発しただけだ」

――戦闘では何が起きたのか？

「分からない」

――戦闘では何をしたのか？

「分からない」

――戦闘地域では何を見たのか？

「戦闘が行なわれた村を通った時、壊れた住宅などをたくさん見た。電気も止まっていた」

――軍事侵攻についてどう思うか？

「何のために戦っているのか理解できない。双方で多くの人が死んでいる。政治的に解決すべきだ」

――ロシアのプーチン大統領についてどう思うか？

「政治的な質問については分からない。彼のやっていることは間違っている」

男性は、緊張しながら一言一言、慎重に言葉を選び、いずれの答えも短かった。少し突っ込んで聞くと「分からない」と繰り返し、質問に正面から答えない場面もあった。通訳は「都合が悪いことを聞かれたら、『分からない』と答えるように上官から指示されていたのだろう」と推測した。ただ、はっきりしていたのは全く悪びれていないということだった。戦闘に参加したのも契約であり、自分は指示を受けて仕事をしただけだと強調した。

インタビューに応じたペトロ・ポロシェンコ前大統領は、プーチン大統領への強い不信感を語った。（画像提供：ＮＨＫ　2022年５月）

「プーチンを信じるな」

国連安保理の常任理事国として拒否権を行使しながら軍事侵攻を続け、民間人や原発への攻撃もためらわない。そのようなロシアを率いるプーチン大統領と実際に何度も交渉をした人物が取材に応じた。

ペトロ・ポロシェンコ前大統領は、２０１４年からボロディミル・ゼレンスキー大統領と交代するまで５年間、ウクライナの大統領を務めた人物だ。大統領に就任後、2014年以降の東部ドンバス地域での戦闘に関してプーチン大統領と繰り返し交渉し、「ミンスク合意」と呼ばれる停戦合意を結んだ。しかし合意にもかかわらず戦闘は続き、今回の侵攻となった。

2022年5月3日、インタビュー場所に指定されたのはキーウ中心部の公園にある高台だ。5月に入るとキーウの気温は緩み、屋外でインタビューを収録できる暖かさになっていた。そこに側近ら数人を引き連れて姿を見せたのは、長身で大柄な白髪の男性だった。事前にどの言葉を使って話すのかは分からず、私は通訳と待機していたが、ポロシェンコ前大統領は英語で大きな声で挨拶し話し始めた。

——プーチン大統領と交渉をした経験から、どのような人物と見ているのか？

「プーチンとの交渉の経験から導き出した結論は『決してプーチンを信用してはならない』、そして『プーチンを恐れてはいけない』ということに尽きる。プーチンは平然と嘘《うそ》をつき、約束を決して守らない。妥協すればその分入り込んでくる。プーチンと交渉する際にどのような姿勢で臨めばよいかといえば、答えは一つしかない。それは力強く出ることだ。力強く交渉すればプーチンを止めることができる。しかし弱い姿勢で臨むとプーチンに結果を奪われることになるだけだ」

――プーチン大統領は今回の侵攻で何を目指していると考えるか？

「彼の目的は第二のソビエト連邦あるいはロシア帝国を作ることだと思う。自分自身を中世の皇帝のように考えている。対話によって彼と何らかの形で折り合うのは不可能だ。なぜならばプーチンがウクライナを世界地図から消し去りたいのに対して、我々は1000年の歴史を持つウクライナを守り、発展させたいからだ」

――しかし、そうした中でプーチン大統領を食い止めるために何が必要？

「国際的に連携してプーチンと交渉することがきわめて重要だ。私はアメリカ、イギリス、日本、EU（ヨーロッパ連合）、オーストラリアに深く感謝している。経済や軍事で最も強い国々がプーチンを止めるために団結することこそがプーチンとの交渉を効果的なものにするために最も大切な要因だ。日本についていえば、ウクライナと日本は地球上の別の場所にあるが、ロシアという共通の隣国がある。そしてこの隣国はとても危険だ。日本からはぜひウクライナの戦後復興に参加して欲しいし、人道支援も望んでいる」

プーチン大統領と直接会って交渉し、電話でも長時間話したことがあるという人物が強調した「プーチンとは対話で折り合えない」というシビアな見方について考えさせられた。第二次世界大戦の惨禍を受けて国連が発足し、曲がりなりにも対話を重ねながら問題を解決すること、あるいは少なくとも解決を目指すことが世界のルールになってきたはずだ。しかし、「相手に対話が通じない」となればどうすればよいのか。またポロシェンコ前大統領は「西側の結束の重要性」を訴えたが、西側はかつてないほど団結して対応していると言われているにもかかわらず侵攻は止まっていない。出口がますます見えなくなったように感じて、途方に暮れた。

第3章　苦悩する国連

元職員たちの訴え

「国連の存在意義が問われている」。悲痛な訴えだった。

2022年4月中旬、幹部を含む国連の元職員200人ほどが、ウクライナ侵攻への対応をめぐってアントニオ・グテーレス事務総長宛てに手紙を送ったことが報じられた。その内容は国連に長年関わってきた職員たちならではの危機感にあふれたものだった。

手紙は事務総長に直接語りかける形で記され、「数々の声明を聞いているが、人々が見たいのは国連の政治的な存在感だ。我々は平和的に紛争を解決するために、あなたがいっそうの努力をすることを切実に要請する」としている。その上で、「国連の存在意義が再び問われている。国連がいっそう意味のないものになり、前身の国際連盟と同じように消滅することを恐れている」と強い表現で訴えた。

ロシアによるウクライナの侵攻が始まって以降、国連の安全保障理事会ではロシアの拒否権で侵攻を非難する決議案は採択されていない。国連総会では非難決議は採択されて国際社会の意思は確かに示されたが、そもそも総会の決議に拘束力はない。そうした中でウクライナの町や都市が攻撃を受け続け、民間人の犠牲が広がり続けた。国連の限界が露になっているのにグテーレス事務総長の積極的な行動が見られないとして、手紙には事務総長の姿勢への批判が込められていた。

安保理が選出する国連事務総長

しかし国連安保理の常任理事国で、拒否権を持つロシアが侵攻を引き起こしている以上、国連事務総長にできることはあまりないという冷徹な事実もある。

そもそも事務総長は全ての加盟国が参加する国連総会が任命するが、その前に安保理が勧告する。その勧告において常任理事国は拒否権を行使することができる。つまり、ロシアを含む5か国の常任理事国のうち1か国でも反対すれば、その人物は事務総長にはなれない。事務総長の任期は5年で、再任においても拒否権を行使されないことが必要だ。1992年に就任したエジプト出身のブトロス・ガリ事務総長については、アメリカのクリントン政権が拒否権を行使して再選を阻んだことがよく知られている。

こうした事情から、事務総長は加盟国の中でも特に常任理事国の意向を強く意識する傾向がある。私がニューヨークに駐在し国連本部の取材を担当していた頃、常任理事国ではない国の外交官の中には「P5（常任理事国の5か国はPermanent 5と呼ばれる）の外交団は、

『自分たちはＰ５だ』と胸を張って歩いている」と苦々しく話す人もいた。またしばしば聞いた逸話もあった。２００３年に当時のアナン事務総長が国連本部ビルでの喫煙を禁じた時に、これに反対したロシアの当時のラブロフ国連大使が「事務総長は雇われたマネージャーに過ぎない」と言い放ったというものである。そのラブロフ国連大使は今ではロシアの外相だ。

グテーレス事務総長に手紙を送った元職員たちは、事務総長と安保理常任理事国との関係については十分知っているはずだ。それでもあえて手紙で行動を呼びかけたのは、それだけ強い切迫感があったからだろう。

事務総長がモスクワへ

その事務総長が動いた。

手紙について報じられた数日後の４月22日、国連はグテーレス事務総長が26日にロシアの首都モスクワを訪れプーチン大統領と会談すると発表したのに続いて、28日にはウクライナを訪れゼレンスキー大統領と会談すると発表した。軍事侵攻が始まってすでに２か月が経っていた。

まずは4月26日にモスクワでプーチン大統領と向き合った。向き合ったと言っても二人の間には数メートルもの長い距離があった。プーチン大統領が部下などと話す時に利用することで知られる長いテーブルの両端に座る二人の映像が伝えられた。国連側の発表によると、会談でグテーレス事務総長はウクライナ情勢をめぐる国連の立場を重ねて示した。また、東部マリウポリをはじめ戦闘地域からの民間人の避難について協議し、プーチン大統領はマリウポリのアゾフスターリ製鉄所からの民間人避難のために、国連とＩＣＲＣが関与することに原則合意したということだった。

ウクライナの「アゾフ大隊」の兵士たちが、アゾフスターリ製鉄所を拠点にマリウポリの制圧を目指すロシア軍に対して抵抗を続けていたが、ロシア軍が攻勢を強めて包囲する中で、製鉄所の中に取り残されていた数百人の市民の救出が深刻な課題になっていた。プーチン大統領との会談に先立ちラブロフ外相とも会談し、グテーレス事務総長は記者会見でマリウポリの状況について「危機の中の危機だ」と述べ、アゾフスターリ製鉄所などマリウポリからの民間人の避難に向けて国連として全力をあげると強調した。

合わせてグテーレス事務総長はロシアの行動についての国連の立場を強調した。「二つの異なる立場があるのは明確だ。ロシアによれば、『特別軍事作戦』だが、国連によれば国連総会で採択された決議に基づき、ロシアによるウクライナへの侵攻はウクライナの領土の一体性を侵し、国連憲章に違反するものだ」と批判した。その上で「ある一点、真実であり、明白であり、どのような議論でも変えられないことはある。それはロシアの領土にはウクライナの部隊は存在しないが、ウクライナの領土にはロシアの部隊がいるということだ」と端的に指摘した。

キーウ近郊で

その2日後の4月28日、グテーレス事務総長はウクライナの首都キーウ近郊のボロジャンカ、ブチャ、そしてイルピンを視察した。最初に訪れることになっていたボロジャンカの中心部の広場で、私は国内外の報道陣とともに彼を待ち構えた。午前10時過ぎ、事務総長を乗せた車を含む国連職員や警備関係者が乗った車列がやって来た。車から降りた事務総長は、オリーブ色のセーター姿だった。ゆっくりと広場に向かって歩き、ウクライナの地元自治体の関係者に迎えられた。

ボロジャンカの中心部もイルピンやブチャと同じようにロシア軍の攻撃を受けた結果、商店やアパートなどが崩れ、火災で焼けるなど大きな被害を受けていた。ロシアの軍事侵

侵攻開始後初めてウクライナ入りした国連のグテーレス事務総長。破壊されたキーウ近郊の町を訪れて「戦争は愚かなことだ」と訴えた。（写真提供：ユニフォトプレス）

攻が始まってから初めてウクライナの現地を訪れたグテーレス事務総長が、その現状を見て最初にどのような発言をするのか、一言も聞き逃してはならないと我々報道陣は事務総長を取り囲んだ。

グテーレス事務総長はメッセージに個人的な思いを込めた。「破壊され、黒く焼けた住宅の中に自分の家族がいたらと想像する。パニックになって逃げ出す孫たちや家族の誰かが殺されるのが見えるようだ。戦争は悪だ。21世紀において戦争は愚かなことだ」と話した。

記者会見でのいらだち

ロシアによる侵攻への批判や憤りを表明

したグテーレス事務総長だったが、それとともに、一連の訪問で具体的な成果を出せるか注目が集まった。事務総長はボロジャンカ、ブチャ、それにイルピンでは発言をしたものの、現場では報道陣からの質問には答えずに「後で質問を受ける」と繰り返していた。それだけに記者会見が報道陣の疑問をぶつける場となった。

郊外からキーウに戻るとすぐにウクライナの大統領府に向かった。集合したのは午後2時半だった。大統領府の前に設置されている検問所で、事前に会見への参加を申し込んでいた報道陣の名簿リストと照合され、大統領府の建物の入り口でも厳重な荷物検査を受けた。入り口には複数の兵士がいて、土嚢《どのう》が高く積まれていた。携帯電話はもちろんパソコンの持ち込みも禁じられ、腕時計も取り上げられた。それはそうだろう。ゼレンスキー大統領はロシアから暗殺の標的とされているのだ。緩い警備のはずがない。

その後ようやくたどり着いた大統領府の記者会見場だったが、結局そこで4時間以上待たされることになった。大統領府の報道官は時間の関係上、質問は3問しか受け付けないと通告してきた。記者たちで話し合って、ウクライナの地元メディアが質問するのが適切だという結論になり、彼らに質問を託すこととなった。事務総長がモスクワでプーチン大統領とマリウポリからの民間人の避難をめぐり原則合意したことは伝わっていた。記者会

ウクライナ大統領府で、ゼレンスキー大統領と記者会見に臨んだグテーレス事務総長。国連の限界について悔しそうに語り、苦悩する表情を見せた。
(写真提供：ユニフォトプレス)

見での焦点は果たしてそれが実現できるかを聞くことだった。

午後7時、グテーレス事務総長とゼレンスキー大統領が会談を終えてともに会見場に姿を現した。ゼレンスキー大統領は今ではすっかり見慣れた格好だが、カーキ色のTシャツの上にシャツを着ていた。最初にゼレンスキー大統領が発言し、グテーレス事務総長の訪問に感謝した上で、マリウポリからの避難をめぐっては「ロシアの大統領は攻撃を続けている。そうした中での事務総長の取り組みを支援したい」と述べた。これに対し、グテーレス事務総長は「民間人の避難をめぐる提案を実現するための協議が活発化している」と応じた。

質疑に移り、ウクライナの女性記者からは当然のように、より詳しい内容を聞き出すための質問が行なわれた。その時、それまで冷静だったグテーレス事務総長が語気を強めた。

「マダム、あなたは何を求めているのか？　あなたは人々が救出されることを望んでいるのか、それとも私がその仕事を妨げるような何らかの発言をすることを望んでいるのか。現時点では我々は避難が実現するためあらゆることを行なっているとしか言えない」と答えた。もちろん、その記者も負けてはいない。むしろそこで負けているようでは記者の仕事にならない。「実現の保証はあるのか？」、「いつ頃始まるのか？」と追加質問したが、グテーレス事務総長はいずれの質問にも具体的に答えなかった。会見で見せた事務総長のいらだちからは、ロシアときわめて神経質な交渉が水面下で進んでいることがうかがえた。

ミサイルが撃ち込まれた！

記者会見の後、大統領府を離れて拠点にしているホテルに戻った。その時だった。市の中心部の方向からドンドンという爆発音が短く二度聞こえ、拠点の作業部屋の窓ガラスがガタガタという音を出して揺れた。「空爆があったのではないか」と同僚たちと話した。実際、ウクライナ当局は後に5発のミサイル攻撃があったと発表し、そのうちの一つは市内の高層アパートに着弾して、そこに暮らす住民一人が命を奪われた。「国連の事務総長が訪問している時に撃ち込むとはどういうことか」と信じられない気持ちになった。

その直後に市内で事務総長などが宿泊しているホテルに向かった。事務総長に同行しているデュジャリック報道官にインタビューの約束を取りつけていたからだ。ロビーで待っていたのだが、約束の時間になっても報道官は来ない。しばらくしてグテーレス事務総長と一行がホテルに戻ってきた。警備員の男性はピリピリしていた。むしろうろたえている様子すらあった。報道官はインタビューで、ミサイル攻撃があった時の様子について「グテーレス事務総長は、ウクライナ首相府でシュミハリ首相との会談を行なっていた。外にいた同僚の中には爆発音を聞いた者もいた。誰でもそうだが事務総長も衝撃を受けていた。しかし、動揺はしていない。事務総長が標的だったとは思わないが、タイミングには確かに戸惑っている」と述べた。

国連の事務総長が訪問している最中にミサイルが撃ち込まれたことについてゼレンスキー大統領は声明で「ロシアが国連と国連が象徴するものを侮辱していることを示している」と非難した。

「このまま生き埋めになるのか」

グテーレス事務総長のキーウ訪問から2日後の4月30日、マリウポリで市民の避難が動き始めた。ウクライナ国内にいる国連の関係者は、国連とICRC、それにウクライナとロシアの当局が連絡をとりながら、製鉄所からの市民の避難が進められていることを明らかにした。

実際のオペレーションはきわめて困難なものだった。ICRCのウクライナ代表部のフント首席代表はキーウ市内でのインタビューで「ロシア側とウクライナ側が毎日その日になって戦闘を停止するかどうか合意する形になっている。その上で、その停戦が具体的に何時から始まり何時までなのかをしっかり合意してもらう必要がある。さらに、製鉄所の周囲だけではなく、マリウポリから市民が逃れるザポリージャまでのおよそ200キロの区間についても戦闘を停止すると合意されなければならない。それがないと危険すぎて避難を行なえない」と述べ、戦闘が止まった限られた時間に市民を断続的に救出している厳しい現状を明らかにした。

避難してきた人々は疲弊しきっているということだった。フント首席代表は「すでに避難した人々に話を聞くと、製鉄所の地下では少しの食べ物と水しかなく、電気はないということだ。ようやく外に出られて『数週間ぶりに太陽の光を見ることができた』と安堵《あんど》して泣き出す人もいる。その中でも最も大きな困難は『このまま生き埋めになるのではないか』という恐怖を感じ続けたことだと話している。人々の心理的な傷は非常に深い。だからこそ、今も残っている可能性がある市民についても、より多くの人を地獄のような状況から救出できることを願っている」と述べた。

こうした困難な状況で避難活動は数回にわけて行なわれ、5月上旬までに製鉄所やその周辺などから600人を超える市民がザポリージャなどに到着できた。

国連の苦悩

キーウでの記者会見でグテーレス事務総長は苦悩していた。

事務総長は国連の限界について「連帯の言葉をいくら語っても、それが十分でないことは分かっている。安保理はこの戦争を食い止め、終わらせることに失敗した。これは失望、不満、そして憤慨に値する」とした上で「私には安保理を改革する権限はない。そんなことがすぐに可能だという幻想も持っていない」と悔しそうに話した。

その一方で「国連は安保理だけではない。国連には国連総会もあり、国連総会は（決議の採択によって侵攻を明確に非難する）立場が明確だ。また、国連は世界各地で戦争や紛争で苦しむ人々を支援している職員でも成り立っている」と強調し、国連全体を一括《ひとくく》りにしないよう理解を求めた。しかし、その国連総会においてもロシア非難を求めるウクライナの訴えやウクライナへの支援をする西側の要請に対して、グローバル・サウスの国々を中心に反対や棄権の動きが続出していることを事務総長は当然知っている。国連加盟国が国際法の根幹を踏みにじる侵略行為を前にしても結束して反対できず、この根本的な原理原則においても引き裂かれている現状。これこそが国連にとっての最大の苦悩だと言えるだろう。

第4章　広がる食料危機

グローバル・サウスに及ぶ衝撃波

ウクライナ侵攻の影響はグローバル・サウスにも及び始めた。

ウクライナは世界有数の食料生産国で、ＦＡＯ（国連食糧農業機関）によると、年間４５００万トンの穀物を輸出し、穀物の世界五大輸出国の一つだ。しかし軍事侵攻で農業地帯にも戦闘が及んだり農家が避難したりして農業生産が落ち込んだことに加えて、ロシア軍が黒海を封鎖したためにウクライナ南部の港からの輸出が滞る事態となった。食料を輸入に頼る国々では値段が高騰し、特に貧困層を中心に生活苦が深まっていった。その問題はグローバル・サウス、とりわけアフリカで先鋭化した。

国連のグテーレス事務総長は２０２２年4月26日のモスクワでの記者会見で「衝撃波は世界中に及んでいる。食料と燃料の価格の急騰は世界で最も脆弱《ぜいじやく》な数億人を大きく苦しめている。すでに新型コロナウイルスのパンデミックの打撃を受ける中で、特に途上国が打撃を受けている」と危機感を示した。

「何もかも高騰している！」

アフリカ南東部のモザンビークもそうした国の一つだった。モザンビークはインド洋に面した国で、日本のおよそ2倍の79・9万平方キロメートルの国土に3000万人あまりが暮らす。1975年にポルトガルから独立し、ソビエトの支援を受けていた当時の左派勢力が今も政権の座にある。

2022年6月に首都マプト近郊の市場を訪ねた。パンや野菜など人々の毎日の食卓に欠かせないものが並べられ大勢の人たちで賑わっていたが、買い物客はもちろんのこと、商店の販売員からも「何もかも値段が上がっている。どうなっているのか」という悲鳴に似た声が聞かれた。特に象徴的なのがパンだった。

ポルトガルの植民地だった名残で、モザンビークのパンはフランスパンよりも少し短く丸みを帯びている。このパン1個の値段は、侵攻直後の3月は10メティカイス（取材当時のレートで日本円で21円ほど）だったが、取材した6月の段階で12メティカイス（日本円で25円ほど）と20％高くなった。また、パン作りに欠かせない小麦粉についても、小売店の仕入れ価格はおよそ1・7倍になった。

地元の専門家によると、モザンビークは小麦の輸入のうちおよそ4割をウクライナとロシアに依存しているが、供給が滞っているとのことだった。また燃料価格も上がっている影響で輸送コストが上がり物価を押し上げていて、調理に欠かせない食用油の値段も2倍あまりになっていた。

「窒息させられているようだ」

市場に46歳のフェルナンド・マンヒケさんと、妻の43歳のエレナ・サンボさんが買い物に来ていた。夫妻はパンを買うのにもパン売り場の前で値段を聞いて戸惑っていた。サンボさんが思わず「本当に高くなった」という声を漏らすと、販売員からは「そう言われても自分たちも戸惑っている」と応じるしかなかった。

市場での買い物の後、夫妻の自宅に招かれた。家族は夫妻と23歳の娘、18歳の息子、それに娘の2歳の息子の5人だ。マンヒケさんが工事現場で働いて得られる収入は毎月日本円で3万円ほどだが、食費の上昇は収入の半分以上になっているという。

この日の家族の昼食は揚げた魚を混ぜたサラダだけだった。もともとほとんど買えなかった肉はもちろん、ハムも買えず、牛乳さえも買うのをやめたということで、夫妻が最も心配していたのは孫のケイソンちゃんが十分に栄養を取れるかどうかということだった。

マンヒケさんは「この2か月、いったいどうなってしまったのか。何でも急激に高くなって、まるで窒息させられているような感覚だ」と話した。また、妻のサンボさんは「毎日何かが値上がりしている。この先、家族のためにものが買えるか不安で、食事の量を減らすしかない」と話していた。

こうした状況について地元の記者と議論する中で、「モザンビークは国連総会のロシア非難の決議案採決では棄権したが、政権与党が独立運動で当時のソビエトの支援を受けていた恩義なのか？」と聞いたら、「政権与党が国連でロシア寄りの行動をとっているが、それは国民が望んだことでもなければ、国民のためにもなっていない。政府が寄り添うべきなのはロシアではなく、モザンビークの国民だ」と批判した。

波乱含みの輸出合意

このように問題が深刻化する中、アフリカ各国は政府レベルでも対応せざるを得なくなった。

6月3日には、AU（アフリカ連合）の2022年の議長国を務めたセネガルのサル大統領がロシア南部のソチを訪れ、プーチン大統領と会談した。この中でサル大統領はプーチン大統領に対して、「我々アフリカの国々は戦場からは遠い場所にあるが経済危機の犠牲者だということをあなたに理解してもらうために会いに来た」と伝えた。会談後、サル大統領はツイッターで「プーチン大統領はウクライナの穀物の輸出が進むようにするとの前向きな姿勢を表明した」と投稿した。合わせて国連も動き、ウクライナ南部の港からの輸出再開に向けて、トルコのエルドアン大統領とともに仲介に乗り出し、7月22日にロシア、ウクライナとの合意にこぎつけた。

　合意文書では、ウクライナの農産物は黒海に面した南部オデーサなど3つの港から運び出されること、海上輸送の調整にあたる機関をトルコのイスタンブールに設置すること、ウクライナに海上から兵器が運び込まれないよう船舶の検査を行なうことなどが盛り込まれた。ただ、合意は１２０日間だけ有効とされた。イスタンブールでの署名式で、グテーレス事務総長は「本日、黒海に灯火《ともしび》が灯《とも》った。それは希望の灯火だ。または可能性の灯火であり、安心の灯火だ」と述べ、合意を称《たた》えた。その上で「しかし紛争は続いている。毎日死者が出て、戦闘が激化している。この灯火を人々の苦しみを和らげ、平和をもたらすための道しるべにしよう」と呼びかけ、食料輸出をめぐる合意をとっかかりに紛争そのものの解決につなげていきたい思いもにじませた。

　しかし合意は波乱含みだった。それを象徴するように署名式翌日の7月23日にはオデーサで爆発があり、ウクライナ軍などはロシア軍の巡航ミサイルでオデーサの港が攻撃を受けてけが人が出ていると明らかにした。

黒土地帯の苦しみ

ウクライナの農家を取り巻く状況も苦しい。

ウクライナの首都キーウから東や南に向かって30分も車を走らせれば、風景は都会から農村に変わる。広がるのは小麦やとうもろこし、それにひまわりなどの畑だ。大地には黒い土が広がっている。学校の授業で「黒土地帯」と習ったことをすぐに思い出す。その豊かな大地で育った小麦は、青い空の下で太陽の光を浴びると黄金色に輝く。ウクライナの国旗は上半分が青、下半分が黄色でデザインされているが、それぞれ青空と小麦畑を表現したものだと言われている。

こうした中で、2022年7月、キーウ近郊で59歳の小麦農家ビクトル・シェリメタさんは焦りを募らせていた。30年間小麦一筋でやってきたというシェリメタさんの400ヘクタールの畑の小麦は黄金色に色づき収穫を待つばかりだったが、ロシアの軍事侵攻が始まってからは出荷が止まり、倉庫には前年の収穫分の3割ほどにあたる900トンが残ったままで、そこに新たに2500トンの収穫が見込まれる中、保管場所が足りなくなることを懸念していたからだった。また、ほかの多くの農家でも在庫が残っていることから、業者の買い取り価格が通常の3分の1ほどに下落し、たとえ出荷できたとしても赤字になるということだった。シェリメタさんは状況が変わるのをいつまでも待っていても仕方ないと言いながら、できるだけ収穫作業を遅らせることを考えていた。インタビューでは「畑から20キロほどの場所で戦闘があり、住宅の上をミサイルが飛んでいく様子も見て、恐怖を感じながらも農作業を続けた。ロシア軍による黒海の封鎖が続けば、収穫することも出荷することもできず、多くの農家が破産するだろう」と話した。

また合意を受けて輸出は少しずつ再開され、国連によると、合意から2か月あまり後の9月27日の段階で、500万トンの穀物が輸出されたが、それでも侵攻前の水準には依然ほど遠いのが現状だ。それを象徴するような風景もあった。南部の港町オデーサを訪れると、港に至る幹線道路には小麦を積んだトラックが数キロにわたって長い列を作り、船に小麦を積み替える作業を待っていた。港が十分に機能できていないからだ。穀物を運ぶ船や積み替え作業のための設備が不足していることに加えて、ロシアのミサイル攻撃によって防空サイレンが鳴るたびに作業員は避難しないといけないために作業が中断される。トラックの運転手たちは道路で数日間待つことが常態化していた。ある運転手は「もう3日間待っているが、この調子ならあと5日は覚悟している」と諦め顔で話していた。

FAOウクライナ事務所のボティエル所長はキーウでのインタビューで「輸出合意の延長はウクライナ産の穀物を輸入している国々にとってはもちろん、食料を生産するウクライナの農家にとってもきわめて重大な問題だ。しかし保管場所が足りないため、多くの穀物の収穫をやめてしまった農家もいる。来年に向けてそもそも作付けをするかどうか悩んでいる農家もいる」と、ウクライナの農業が危機に直面している状況を訴えた。

しかしロシアはその後も合意を揺さぶり続けている。10月29日には合意の履行を無期限で停止すると一時、一方的に表明した。結局、国連やトルコが慌てて仲介に乗り出して、ロシアは合意に復帰し、11月19日の期限前に再び120日間延長されたが、ロシアはその後も合意の破棄をちらつかせている。

芋も値上がり

その間もアフリカでの食料問題はいっそう広がっている。

ウガンダでは伝統の芋にまで異変が起きていた。ウガンダはアフリカの東部にあり、日本の本州とほぼ同じ24・1万平方キロメートルの国土におよそ4500万人が暮らす。8月、首都カンパラにある市場に朝早く行くと、揚げ物のにおいが漂っていた。においの主はキャッサバのフライだった。皮をむいて、フライドポテトのような大きさに切って油で揚げたもので、市場のあちらこちらで売られていた。

キャッサバはタピオカの原料にもなる芋の一種だ。芋のように煮て食べることもできるが、朝食では揚げたものが人気だという。一切れが当時のレートでは日本円で4円ほど。人々はそれを10切れほど買って、さっと塩を振って食べていた。私も勧められ食べてみたら、じゃがいものフライドポテトよりはあっさりしているものの、ほくほくとした食感だった。ただ、キャッサバは農村部では広く食べられているものの、ウガンダ都市部の特に中間層にとっては朝食での主食といえばパンで、イギリス植民地時代の名残で小ぶりの四角い食パンが主流だ。しかし食パンの値段がウガンダでも上がり、キャッサバで代用する人が増えているのだった。

しかし、そのキャッサバにしてもパンの代用で需要が増える中で値段が上がってしまった。市場の屋台で揚げたキャッサバを売っていた女性は、6月にキャッサバの値段が急に2倍になったという。女性は「販売価格を2倍にするわけにもいかないので、一切れの値段を変えずに、大きさをそれまでの半分にした。もちろんお客さんからは『以前より小さくなったじゃないか』と怒られる。だけどどうしようもない」とすまなそうに話した。

キャッサバをめぐっては政治的な論争まで起きていた。発端は5月にムセベニ大統領が「パンがないならばキャッサバを食べたらよい。何が問題なんだ」と発言したことだ。これについて、伝統のキャッサバを見直す発言だとして好意的に受け止める声もある一方で、かつてフランス革命の前にベルサイユ宮殿で贅沢《ぜいたく》三昧をしていた王妃マリー・アントワネットが、困窮した国民がパンを求めて抗議していることに対して「パンがなければお菓子を食べたらいい」と発言したという話を思い起こさせるという声も上がった。パンよりもキャッサバの方が安いので趣旨が異なるが、キャッサバとは縁遠い中間層を中心に「長期政権の大統領は自分たちの生活の実態が分かっていない」という反発につながった。

広がる飢餓

事態がいっそう深刻化した国もある。

世界最貧国の一つチャドはアフリカ中央部にあり、面積は128・4万平方キロメートルと日本のおよそ3・4倍もあるが、人口は1700万ほどだ。かつては巨大な湖もあったが、気候変動などで年々縮小し、国土は広い範囲で砂漠に覆われるようになっている。2021年に過去10年で最悪とされる干魃《かんばつ》に見舞われて農作物の収穫が落ち込み、政府が2022年6月に「食料緊急事態」を宣言するまでに状況は深刻化していた。

8月上旬、干魃の被害が深刻なチャドの中部に向かった。乾いた大地が広がり、十分な餌がないため死んだロバを道中に何頭も見かけた。農村で出会った穀物農家の32歳のファティメ・ムーサさんは、「干魃の被害で去年の収穫はなく、農業による収入も全くなかった」と話した。収入は夫の43歳のアダムさんが時々見つける日雇い工事の仕事で得られる賃金だけだ。

ただでさえ苦しいのにあらゆる食料の価格が上がり、ますます手が届きにくくなっていると訴えた。チャドはウクライナやロシアから小麦を輸入しているが、軍事侵攻開始後の数か月で値段が1・5倍近く値上がりしたという。それにつれてパンの値段も1・5倍に値上がりした。

夫妻はこれまで5人の子どもをもうけたが、全員が離乳食に変わる時期に栄養不良が原因と見られる病気で亡くなったという。それだけに4か月の息子ユーセフちゃんのことを何よりも心配していた。ファティメさんは「食べ物が少なくて子どもたちが苦しんだ。子どもを亡くすのはとても辛《つら》い」と話して下を向いた。家族は1か月前に、国連のWFP（世界食糧計画）からの食料支援として小麦や米、食用油などを受け取った。しかし次の収穫の時期までもつ量ではなかった。アダムさんは「支援には感謝しているが足りない。何とか日雇いの工事の仕事を見つけないといけない」と焦る表情で話した。

難民支援にも影響が

食料価格の高騰は、支援活動にも影響した。

チャドの隣国には、紛争が続くスーダンや、イスラム過激派が台頭して治安が不安定化しているニジェール、それに英語圏とフランス語圏での対立が続くカメルーンなどがあり、こうした国々から合わせておよそ58万人が難民として逃れて来て身を寄せていた。

このうち首都ヌジャメナ近郊の難民キャンプでは、カメルーンからの難民を受け入れていた。47歳のアブドラメーンさんは妻と7人の子どもと逃れて来ていた。インタビューで「突然戦闘に巻き込まれた。親戚の男性は銃で頭を撃たれて、銃弾が頭を貫通したのを見た」と戦闘の様子を証言した。その上で「着の身着のまま逃れて来た。仕事を失った。ここでの支援には感謝しているが、家族にとって十分ではない」と話していた。

それもそのはずだった。ＷＦＰではチャド各地の難民キャンプで緊急の食料支援をしているが、予算が限られる中で価格が高騰しているために十分な量を調達できないでいた。本来は必要とする人に１日２１００キロカロリーにあたる食料を配給しているが、チャドの難民支援では半分の１日１０５０キロカロリーを配るのが精一杯になっていた。ＷＦＰチャド事務所のオノラ所長は、「ウクライナ情勢を受けて４月以降だけでチャドの食料は９％値上がりし、今後数か月でさらに60万人が貧困ライン以下の暮らしに転落することが懸念されている。輸出合意を受けてウクライナからの黒海経由での穀物輸出が再開したことはすばらしいことだが、問題はただちに解消しない」と指摘した。

グローバル・ノースでも物価の上昇で生活が苦しくなっている人が多く深刻な課題になっているが、アフリカの貧困層にとっては生きるか死ぬかの命に直結する課題だ。すでにぎりぎりの暮らしをしている人たちが限界まで追い込まれるという理不尽な現実がグローバル・サウスの脆弱な国々に広がっていた。

第5章　暗躍する傭兵

はためくロシア国旗

強烈な日差しと蒸し暑さだった。

2022年6月、マリの首都バマコの空港に到着し、飛行機からタラップに出るとサハラ砂漠に近づいたことを嫌でも感じた。それと同時に緊張感が高まった。軍が実権を握る中で、3か月前の3月にはフランスのラジオ局とテレビ局の放送が禁じられたばかりで、外国メディアに対しても制限がいっそう強まっている最中だったからだ。

マリでは2013年から北部を拠点にしてアルカイダやIS（イスラミックステート）などのイスラム過激派が台頭し、国軍と激しい戦闘を続けている。それを旧宗主国のフランスが軍事介入して支援していた。しかし、軍が2020年8月にクーデターを起こして民主的に選ばれた大統領を追放するとフランスとの関係は悪化し、フランス政府は2022年2月以降、部隊の撤収を進めていた。その軍部のもとでマリは、国連総会でロシアの軍事侵攻を非難する決議案採決で繰り返し棄権して「ロシア寄り」の姿勢を示している。「フランス離れ」の動きが進む一方で、「ロシアへの接近」が起きていた。

そのことを象徴する光景があった。到着後にバマコ中心部の大通りを車で走りながら町

マリの首都バマコではロシア国旗もたくさん売られ、ロシアの国旗を掲げる人たちも。多くの人が「ロシアは悪くない。欧米に抵抗しているだけだ」と話した。（画像提供：ＮＨＫ　2022年６月）

の様子を見ていると、マリの国旗を売っている場所があった。その間に、赤、青、白の3色の国旗があるのが見え、最初はフランスの国旗かと思ったが、近づいて見るとすぐにロシアの国旗だと分かった。マリの国旗に混じってロシアの国旗がいくつもはためいていたのだ。「このご時世にロシアの大きな旗を堂々と売ったりするものか。買う人がそれだけいるから売るのだろう」と驚いた。

ロシアを称える実業家

実際バマコではロシアの国旗を掲げながらロシアの軍事介入を求める集会がたびたび開かれるようになっていた。そうした集会には時に数千人も参加しているという。集会を企画している活動家の一人である31歳の若手実業家シディ・トラオレさんが取材に応じた。トラオレさんはビジネスのかたわら政治活動も積極的に行なっていて、２０２１年に仲間と「ロシアを求める運動」と名付けたグループを結成し、ロシアを称える声を広めるための活動をしているという。その理由について「フランスの軍事介入は失敗した。我が国をイスラム過激派から解放するために来たが失敗だった。残念ながらマリは弱く、強い国に支援を求めるしかない。ロシアは大国であり、ロシアに頼んでいる」と説明した。

インタビューした日、近くの洋服工場にロシアの大きな国旗の製作を注文していた。次の集会に持って行くためだという。取材の間、「ロシアから資金面などの支援を受けているのか」と聞いてみた。トラオレさんは真っ向から否定した上で、「ロシアは誠実なパートナーであり、マリとはウィンウィンの関係だ」と繰り返した。

トラオレさんの行動には釈然としない思いを抱いたが、大きな声で話す、オープンでフレンドリーな男性であることはすぐに分かった。人物としてはむしろ好感を持てるタイプだ。そのトラオレさんがにこにこしながらロシアの国旗を手にしている。ウクライナで出会った、恐怖から小さな手で目や耳をふさいだ3歳の男の子ティモフェイ君とあまりにも対照的で、そうしたウクライナの人々の苦しみが目の前にいるトラオレさんに全く伝わっていない現実に愕然とした。

公然の秘密

そのマリでは多くの人が「公然の秘密」だとする話を口にした。

それはロシアの民間軍事会社「ワグネル」の戦闘員がマリに送り込まれ、マリ国内で活動しているというものだった。ワグネルについてプーチン政権は、民間の軍事会社などは法的に存在しないとして関わりも含めて否定してきたが、政権とも関係が深いとされる実業家が創設者だと見られていて、2022年9月にはその実業家エフゲニー・プリゴジン代表自らその存在を認めた。2014年以降に創設されて以来、これまでにシリアやリビアの内戦に戦闘員が送り込まれたと伝えられている。

ロシアの民間軍事会社ワグネルのプリゴジン代表。ワグネルに対しては日本政府も経済制裁を科している。(写真提供:ユニフォトプレス)

ウクライナについては、ロシアによる軍事侵攻が始まった後、イギリス国防省がワグネルの戦闘員1000人以上が送り込まれた情報があると発表したほか、ウクライナの捜査当局は首都キーウ近郊での住民への拷問や殺害にワグネルの戦闘員も関与していたことを突き止めたと発表している。2023年1月になると、ワグネルはウクライナ東部ドネツク州のバフムトなどの戦闘でロシア軍よりも主要な役割を担う場面すら出ていて、ワグネルも自分たちの戦闘を積極的にアピールするようになった。そのワグネルがマリでもうごめいているというのだ。

マリ国内の「公然の秘密」を暴露したのがフランスだ。2021年12月、ヨーロッパなどほかの15か国と共同で声明を発表し、「これまでも派遣された国で拷問や処刑などの人権侵害を繰り返しているワグネルが、ロシア政府の支援を受けてマリに送り込まれた」と指摘、その上で「マリ当局が外国の傭兵《ようへい》と契約した」として非難した。これに対してマリ当局はただちに声明を出し、「歴史的なパートナーであるロシアとは国家間協力はしていて、マリ軍の訓練を行なうためのロシアの軍事顧問団はいる」と認めたものの、「民間軍事会社なるものは雇っておらず、根拠のない疑いに過ぎない」と反論した。

ムーラで何が起きたのか

しかし、フランスなどがワグネルの存在への懸念を示す中、その懸念が的中したような事態が起きている。２０２2年3月、マリ軍はイスラム過激派の拠点となっている中部ムーラで大規模な掃討作戦を行ない、過激派の戦闘員２００人あまりを殺害したと発表した。その一方で掃討作戦にはワグネルの戦闘員も参加し、無差別攻撃で数百人の市民が巻き添えにされて犠牲になった疑いが出ている。

取材を進める中で、当時ムーラにいたという50代の男性から話を聞くことができた。男性は外国の記者のインタビューに応じたことが分かれば過激派からもマリ軍からも報復されるとして、くれぐれも匿名にするようにと何回も念を押した上で話し始めた。「3月27日、牛の取引のために市場にいたところ、突然マリ軍のヘリコプター数機が飛来して無差別の発砲を始めた」。兵士たちの様子については「過激派が持っている銃とは違う音だった。トゥイトゥイというような銃声だった。黒人の兵士と白人の戦闘員が一緒に人々を撃って殺していたのを目撃した」と続けた。

男性はこうした白人を間近に見ることもあった。上空からの攻撃を受けて市場中がパニックになり人々が逃げ惑う中で男性は民家に逃げ込んだ。そこで一晩隠れていたが、翌28日の朝、扉を蹴破って白人の戦闘員が押し入ってきたという。「その戦闘員たちの肌の色は白く、髪の毛は赤かった。どの国の者かは分からない。話していたのは我々の言葉でもフランス語でもなかった」と話した。

男性は戦闘員たちに河原に連れて行かれ、そこでほかの数百人とともに5日間拘束されたという。夜はその場で横になって寝るしかなかった。自身は最終的には解放されたものの、その間のことについて「過激派メンバーと疑われた人たちが殺された。頭を撃ち抜かれて殺された人もいた。周りには多くの遺体があった」と証言した。

さらに、当時ムーラにいた別の30代の男性も取材に応じた。この男性も報復を警戒して匿名が条件だった。3月27日の午前10時頃、自宅上空をヘリコプターが旋回したかと思うと、ロープを伝って数人の白人の戦闘員たちが自宅の屋上に下りて来たというのだ。家族中がパニックになる中、白人戦闘員たちは自宅を占拠し、自身も含めてその場にいた男性たちは拘束された。そして河原に連れて行かれたが、その際、前には3人、後ろには4人、そして1人が先導する形で、合わせて8人の白人の戦闘員たちに囲まれて脅されながら歩かされたという。

河原では5日間にわたって俯《うつぶ》せになっているように命じられ、「白人たちは立ち上がろうとする住民を棒で殴りつけ、逃亡を試みた住民の頭を銃で撃ち抜いた」と証言した。インタビューの最後に、男性は「とても辛いことだった。夢も希望もなくなった。村から人々は出て行き、今では誰も住んでいない。村を愛していた。それがめちゃくちゃに壊されてしまった」と話した。ひげを生やした大柄の男が悲しみに頭を抱えた。

国連安保理でも取り上げられたが……

ただちにフランスなどは、ワグネルによる無差別な攻撃や処刑などの人権侵害があったとして、国連の安全保障理事会に国際的な調査を求めた。しかし、安保理の議論では、ロシアの外交官が「いわゆるロシアの傭兵に関する情報操作は地政学的なゲームに過ぎない」と述べて全面的に否定した。国際的な調査は、ロシアや中国の反対があって実現のめどは立っていない。ここでもロシアは拒否権を持つ安保理の常任理事国としての立場を使っている。

ロシアがワグネルの存在を否定できてしまうことこそが、こうした民間軍事会社の最大の弊害だ。つまり、使う側の理屈でいえば、責任の所在を曖昧にできるのだ。通常の軍の兵士が市民の虐殺など人権侵害を行なった場合、その兵士はもちろん、上官さらにはその兵士を派遣した国の政府の責任が問われる。しかし民間軍事会社の戦闘員ならば、実際には政府が裏にいたとしても、あくまで民間企業の問題だとして突っぱねることが容易になってしまう。

また国内世論対策もあるとされる。戦地に派遣した兵士の犠牲が増えれば、国内からは派遣の判断への疑問や批判が高まるだろうが、民間軍事会社の犠牲については公式に発表する必要もなく、犠牲をいわば矮小化《わいしょうか》できてしまう。

さらに、民間軍事会社を派遣することで見返りが得られることへの期待もある。マリの地元のジャーナリスト、アミババ・シセさんは「ロシアの思惑はこれまでフランスがいわば独占してきたマリなどの旧仏領の国々への影響力を奪い取ることだろう」と分析した。マリのほかに中央アフリカでも、すでにワグネルが送り込まれたと伝えられている。中央アフリカはマリと同じく旧フランス領の国で、内戦が続いてきた。この国も侵攻直後に行なわれた国連総会のロシア非難の決議案採決では棄権した。こうしたことからワグネルがロシアのアフリカへの影響力拡大の「先兵」のようだという批判もある。

絶望の中で

さまざまな問題を引き起こしながらも、マリ国民の間ではロシア、さらにはワグネルを求める声が広がっている。

10年続くイスラム過激派との戦闘でマリは疲弊し、これまでにおよそ40万人が戦火で家を追われている。バマコの郊外にもそうした人たちの避難民キャンプができていて、人々はビニールシートや木材で簡単な小屋を作って避難暮らしを続けていた。避難民たちのリーダー、44歳のザッカリア・ジャロさんは元教師で、3年前に中部の村から23歳の妻、9歳と2歳の二人の子どもと逃れて来た。別の村に暮らしていた二人の弟は過激派に加わるのを拒否して殺されたという。ジャロさんは「故郷に帰るめどはない。教師の仕事もできず、家畜とともに寝起きするようなキャンプでの暮らしは辛い」と話して下を向いた。キャンプには家畜のにおいが充満していた。

こうした厳しい状況がマリの多くの国民に「誰であっても治安を改善してくれるなら歓迎する」と思わせる土壌になり、マリやロシアの政府が否定しても、その存在は「公然の秘密だ」としてワグネルに期待する声にもつながっているようだ。

何かにすがるしかないような絶望が、そこにはあった。

第6章　イラクとウクライナ

戦況が膠着《こうちゃく》した

ウクライナを「解放する」と喧伝するロシアのプロパガンダと、そのロシアの攻撃にさらされるウクライナでの現実。攻撃する側が、被害を受ける側とまるで違う世界にでもいるかのように「かみ合っていない」ことを、私はウクライナでの現地取材でも嫌というほど思い知らされることになった。

２０２２年７月に入り、モザンビークやマリでの取材を終えて６週間ぶりにキーウに戻ると、夏が始まっていた。日は長く、朝の４時には明るくなり始め、夜の11時になっても明るいままだった。広大な大地にはひまわりが鮮やかな黄色の花を咲かせ、競うように夏の太陽に向かって伸びていた。真っ青な夏の青空と黄色のひまわり畑は、ウクライナの青色と黄色の国旗のようだった。ウクライナの国旗の黄色は黄金色の小麦畑を表現したものだと言われているが、むしろ咲き誇る夏のひまわりの方がぴったりくるように思えた。午後になればその青空に大きな白い入道雲がもくもくと立ち上り夕立が来ることを予告した。

その夏の盛りに戦況は膠着した。７月３日、ロシア軍は攻勢を続けるウクライナ東部２州のドンバス地域のうち、ルハンシク州について全域を掌握したと発表した。これに対し、ウクライナ側は必死の防戦を続け、ロシア軍がそれ以上攻め入るのを何とか食い止めた。ドンバス地域の戦線は動かなくなり、じりじりとした消耗戦になだれ込んだ。

ドンバスからの避難者

7月22日、そのドンバス地域から大勢の人が逃れて来ている中部のポルタワ州に向かった。キーウから車で4時間かけてポルタワ州に近づくと、検問所での兵士の数が増え、頻繁に記者証やパスポートの提示を求められるようになった。道の両脇にある土嚢にしてもキーウ市内よりも高く積まれていて、東部の戦闘地域に近づいていることを肌で感じた。

到着した州都ポルタワにはドンバス地域からおよそ6万人が逃れていて、市内の学校や公共施設が避難所となっていた。このうち幼稚園には100人あまりが身を寄せており、幼稚園の教室が避難者の寝泊まりや食事をする場所になっていた。

避難者の一人、73歳のライーサ・オロブチェンコさんが取材に応じてくれた。幼稚園児のための小さな椅子に座り、低いテーブルを囲んでのインタビューとなった。オロブチェンコさんは、4月にドネツク州のスロビャンシクから夫と孫とともにポルタワに逃れて来た。ロシア軍はルハンシク州だけではなく、ドネツク州の掌握ももくろんでいた。オロブチェンコさんは逃げ出す前のスロビャンシクの状況について「上空を大きな音を出しながら航空機が飛んでいた。家のすぐ近くで大きな砲撃の音がしたこともある」と、ロシア軍の激しい攻撃にさらされていた状況を話した。それでもできるだけ留まろうとしたが、4月8日に近くのクラマトルスクにある鉄道の駅がミサイル攻撃を受けて、子ども5人を含む57人が死亡したのを受けて「もう限界だ」と避難を決断したという。

ポルタワに逃れることができたオロブチェンコさんだが、41歳の娘のオルガ・シュヌルコさんのことを何よりも心配していた。仕事があるために町を離れるわけにはいかないと、息子を両親に託してスロビャンシクに残ったからだ。取材中にオルガさんと携帯電話がつながった。電話口の向こうからは「今朝も近くの山から3回ほど砲撃音が聞こえた。きのうの夕方も近くの町で何度か砲撃があった。市場は数週間前に攻撃を受け、それ以来もう行かないようにしている」と、ロシア軍が市内各地に連日砲撃を加えている厳しい状況を伝えてきた。

オロブチェンコさんに長引く避難生活について聞くと「支援には感謝しているが幼稚園の教室での暮らしがもう3か月以上も続き、しんどいのは事実だ。逃げ出した当初は1か月ほど避難すれば戻れると思っていた」と話した。「それに、あちらではガスも電気も水道もうなくなった。帰ったとしても生活ができない」と諦めたような表情をした。故郷に戻ることができないのは攻撃による命の危険があることに加えて、そもそもう生活ができないようにされてしまっているからだった。市民を追い出して、その土地を手に入れようというロシアの卑劣なやり口だった。

爆風で飛び散った建物

その州都ポルタワから車で2時間ほど離れた州内の別の町クレメンチュクには壮絶な破壊と犠牲の痕が生々しく残っていた。

市の中心部にあるショッピングセンターは6月27日にロシア軍のミサイル攻撃を受けて22人が死亡し、100人以上がけがをした。ショッピングセンターは面積1万平方メートルあまりの広さで、クレメンチュクで最も規模が大きいものだった。建物は骨組みだけを残し、屋根の大部分はなくなっていた。広い範囲で黒く焼け焦げていたほか、周辺にはガラスの破片が散乱していた。

事前に地元のクレメンチュク市当局に現場を訪れると連絡を入れていたところ、ビタリー・マレツキー市長が車でやって来て自ら案内してくれた。「先週、調査は完了した。が

ショッピングセンターへの攻撃について説明するクレメンチュクのマレッキー市長。（画像提供：ＮＨＫ　2022年７月）

れきに残っていた遺体の一部が収容されたほか、危険物も除去された。もう大丈夫だが、爆発物が残っている可能性もあるので、念のために自分が歩いた後ろをついて来るように」と言われて、建物の内部に入った。

奥の方の床には深さ50センチメートルほどの大きな穴があいていた。マレッキー市長によると、ミサイルはショッピングセンターの壁を突き破って床に着弾して爆発し、爆風によって建物の壁や屋根の大部分が吹き飛ばされ、窓ガラスは粉々になり火災が広がったということだ。建物の太い鉄柱の中には、ミサイルの破片などが突き抜けたのか、穴があいて折れ曲がっているものもあり、爆発の威力を物語っていた。上を見上げると屋根はほとんどなく、少しの骨組みしかなかった。夏の青空が丸見えだった。

ミサイル攻撃があったのは午後４時45分頃で、ショッピングセンターの中は食料品を買

ミサイルの爆風で建物の壁や屋根の大部分は吹き飛ばされた。残された天井の骨組みや屋根の一部の間からは夏の青空が丸見えになっていた。（画像提供：ＮＨＫ　2022年７月）

い求める大勢の買い物客で混雑していた。攻撃の直前には防空サイレンが鳴り、買い物客は避難を始めていた。ただ、店員たちは店を片づけるために残っていて、その多くが犠牲になった。ミサイルが着弾した周辺では若い店員12人が亡くなり、一番若い人は19歳だったという。マレツキー市長は「市民が大勢集まるショッピングセンターにミサイルを撃ち込むのは戦争犯罪だ。ロシアはウクライナの市民に恐怖を与えるためにこうした攻撃をしている。平和な町に対するテロ以外の何物でもない」と憤りを露にした。

重なった記憶

攻撃があった時にショッピングセンターの中で勤務していた22歳の警備員の男性、オレフ・

ドブホポルさんが状況を話してくれた。「大きな爆発がして、電気が落ちて真っ暗になった。その時は入り口近くの椅子に座っていたが、爆風を受けて椅子から前に落ちて倒れ込んだ」と衝撃の大きさを話した。「倒れた自分の上に看板が覆いかぶさった。気がついた時には砂ぼこりが充満していて、真っ暗で自分の手も見えないほどだった。何が起きたのか分からなかったが、何とか建物の外に出た。女性たちが泣き叫んでいた」と振り返った。ドブホポルさんは、爆風で椅子から落ちた際に床に膝を強く打ってけがをし、足には包帯が巻かれていた。

その話を聞きながら、私は記憶が2003年8月のイラクの首都バグダッドに引き戻されていくのが分かった。

その年の3月、アメリカが一方的に踏み出した戦争でフセイン政権は崩壊し、当時のブッシュ大統領は5月には大規模な戦闘の終結を宣言していた。しかしフセイン政権の残党と駐留アメリカ軍の戦闘は続いたほか、開戦後の混乱に乗じてイスラム過激派が入り込んだ。そうした中で8月19日、バグダッド東部にあった国連事務所の建物に1000キロの爆発物を積んだトラックが近づき、大規模な爆破テロが起きた。その時、私は建物の中で開かれていた記者会見の取材をしていて爆発に巻き込まれた。

いくつもの点で、クレメンチュクのショッピングセンターであったミサイル攻撃と同じだった。ミサイルが撃ち込まれたのも、爆弾テロがあったのも午後4時台。ドブホポルさんは爆発があって電気が落ちたと話したが、バグダッドでもその時「カチッ」という音が聞こえたかと思うと電気が落ちて室内は真っ暗になり、ただちにドーンという爆発音が聞こえ、私は爆風を体中に受けて座っていた椅子から右方向に2メートルほど吹き飛ばされて床に叩《たた》きつけられた。非常用の電灯が戻ると部屋中に白いほこりが立ちこめ、前がほとんど見えなかった点も、何とか建物の外に出ると女性たちが泣き叫んでいたという点もドブホポルさんの話と同じだった。あの時のバグダッドも夏の盛りだった。

このテロ攻撃ではバグダッドの国連事務所代表を含む22人が死亡し、150人以上がけがをした。アメリカがイラク戦争に踏み出さなければ、こうした形で命を落とすことはなかった犠牲だ。同じようにショッピングセンターでも22人が死亡し、100人以上がけがをしたが、ロシアがウクライナへの軍事侵攻に踏み出さなければこうした形で命を落とすことはなかった。

パラレル・ワールドはイラク戦争でも

ロシア政府はショッピングセンターへのミサイル攻撃についても関与を否定した。国連の安全保障理事会で取り上げられた時、ロシアのポリャンスキー国連次席大使は「欧米から提供された兵器や弾薬の倉庫を正確に攻撃した」と言い切った。まるで正反対の理屈を繰り返し、パラレル・ワールドにいるようだった。

イラク戦争でも同じだった。武力行使を決めたアメリカのワシントンや、それを支持した日本政府の当局者の間で、イラクの現地のリアルと全く乖離した現状認識が広がっているようなことがあったのだ。

2003年の夏、バグダッドでは国連の爆破テロも起きたほか、駐留するアメリカ軍兵士への武装勢力からの攻撃がいっそう激しさを増していた。現地で開かれたアメリカ軍の記者会見では報道官までもが情勢が厳しいことを公式に認めるまでになっていた。しかしワシントンでは相変わらず、「イラクは解放され民主化に向けて順調に歩んでいる」といった説明が行なわれていた。それを鵜呑《うの》みにしたような日本政府の当局者もいた。秋にある会合で一緒になった日本政府の当局者には「君のバグダッドからのリポートは大げさだ。

我々がワシントンから得ている情報では状況は日々改善しているということだが、本当にそんなに治安が悪化しているのかね」とあたかも諭すような口ぶりで話しかけてくる人物もいた。その人物にはイラクの現地で国民が混沌《こんとん》とした情勢に置かれている現実も、アメリカの若い兵士が酷暑の中で武装勢力にいつ攻撃されるか分からない恐怖にさらされている現実も見えていないようだった。アメリカからの「情報」で作ったバーチャルな空間に浸りきり、あたかも自分だけは試験の答案用紙に書くべき解答を知っているように振る舞う人の姿がそこにもあった。

しかしそうした思い込みや強弁はいくら繰り返しても現実に対して何一つ責任を負わない。治安はますます悪化し、イラクは大規模な爆弾テロや戦闘が横行する内戦に滑り落ちていった。「イラクをフセインの独裁体制から解放し、中東に民主化をもたらす」と喧伝したアメリカだったが、戦争にさらされたイラクの人々を襲った戦時下のリアルな現実の前には、ただの物語だった。

鳴り響く防空サイレン

東部の戦線が膠着する一方で、ロシア軍はウクライナ全土へのミサイル攻撃を強めた。

7月14日、今度は西部ビンニツァの中心部がロシア軍のミサイル攻撃を受け、ウクライナ当局によると23人が死亡した。この中にはわずか4歳の少女も含まれ、幼い子どもの犠牲にいっそう衝撃が広がった。ウクライナ軍に長年在籍した経験がある軍事専門家のセルヒー・ズフーレツさんは、インタビューで「ロシア軍によるミサイル攻撃がウクライナ各地で相次いでいるのは、人々の心に恐怖を植え付けることで、徹底抗戦の国民の意志をくじくためだ。ロシアと交渉すべきだという国内世論を高め、政府への圧力につなげようとしている」と分析した。

キーウにいる時も西部のリビウにいる時もウーウーという防空サイレンが頻繁に鳴り響いた。そのたびに手元のスマートフォンに入っている防空サイレンを知らせる専用のアプリからはアラームがけたたましく鳴った。ウクライナの人々は、自宅でテレビを見ている時や食材の買い物のためにスーパーに出かけている時、いつミサイルが撃ち込まれるか分からないという恐怖と不安を常に感じながら戦時下の日々を過ごす状況に置かれた。当初はサイレンが鳴れば多くの人が地下鉄の駅や地下道、建物の地下室のシェルターに逃げた。しかし時間が経つにつれ、そうした人の姿も少なくなっていった。空爆への恐怖がなくなったからではない。「もう逃げることにも疲れた」と話す人もいた。

ウクライナを「ネオナチ政権から解放する」と主張するロシアの「特別軍事作戦」。ウクライナの人々を襲う戦時下のリアルな現実の前では、これもまたただの物語に過ぎない。

第7章　母親の涙

突然の悲報

「ドンバスの戦線に従軍していた兵士のデニスさんにもう一度インタビューできないだろうか」

2022年7月、ウクライナ東部のドンバス地域の戦況が膠着し始める中、戦闘に参加しているウクライナ軍の兵士から最新の情勢について話が聞けないかと、3月にオンラインでインタビューした兵士に再度連絡がとれないものかウクライナ人の同僚に相談した。その兵士が東部に派遣されていることを覚えていたからだ。

しかしウクライナ人の同僚から聞いた答えに言葉を失った。「実は我々も最近知ったばかりでまだ伝えていなかったのだが、悲しいことにデニスさんは戦死したんだ」ということだった。「あの若者が戦死したのか。まさか」と思わず聞き返した。

その兵士はデニス・アンティポブさん。3月28日のオンラインでのインタビューの冒頭、日本語で「こんにちは」と挨拶されたこともあって印象に残っていた。大学で韓国語を学んで韓国語の教員をしていたことから、日本や日本語にも興味があるということだった。外国語が好きなだけにインタビューも流暢《りゅうちょう》な英語で話してくれた。深刻な話の合間にも時折笑顔を見せ、明るい人柄が感じられた。兵士の顔を撮影したり、名前を公にしたりすることが制限されていることもあり、ロシアによる侵攻開始後、なかなか兵士から直接インタビューで話を聞く機会はなかった。そうした中でウクライナ人の同僚がつてをたどってデニスさんに連絡をとり、デニスさんも上官から名前を明かして顔を出してもよいとの許可をとった上でインタビューに応じてくれた。その時デニスさんはウクライナ軍の空挺《くうてい》旅団に所属する中尉で、ロシア軍の激しい攻撃にあった時の生々しい状況を語った。

ウクライナ軍兵士のデニス・アンティポブさん。深刻な話の合間に時折見せる笑顔からは明るい人柄が感じられた。(画像提供：ＮＨＫ　2022年３月)

３月９日、東部のハルキウ州で戦闘に参加していたところ、ロシア軍の無人機を目撃して写真に収めた直後のことだったという。「写真を撮るとただちに近くの建物に走って身を隠したが爆撃を受けた。自分のすぐ近くに着弾した。その瞬間、白い光が見え、キーンという音が聞こえた。爆風で後ろに飛ばされて意識を失った。意識が戻ると手や足を触ってけがをしていないか確認した。頭を打ち、出血もした」と振り返った。この攻撃では仲間の兵士数人が死亡したということだった。

ロシア軍のその頃の動きについて「キーウの陥落に失敗し、今はマリウポリへの攻撃を激化させている」と、東部での戦闘が激しさを増していると指摘し、「ウクライナ軍がロシアを押し戻している場所もあれば、ウクライナ側が防戦に回っている場所もある。ただ、今後1か月以内には戦線をウクライナ東部で固定できることを願っている」と話した。1か月以内ではなかったが、デニスさんの見立て通り7月には戦線は東部で膠着した。

インタビューした時は爆撃で受けたけがの治療のため、東部ドニプロにある軍の病院に入院していた。「背中の痛みがなくなり、防弾チョッキを身につけることができるようになれば、すぐに前線に戻る」と意気込んでいた。その言葉通り、デニスさんは退院後すぐに前線に戻ったが、5月11日、ロシア軍の攻撃で命を落とした。享年32。闊達《かったつ》な若者が未来を奪われた。

「夢は起業することだった」

悲しみは勤務していた大学でも広がっていた。

キーウの国立大学の外国語学部を訪ねると、中庭にデニスさんをしのぶ植樹が行なわれたばかりだった。この大学でデニスさんは韓国語を専攻し、言語学と文学の修士号を取得した。その間に韓国に二度留学したという。卒業後は母校で韓国語の教員をしていた。授業をしていた教室には、ハングルで書かれた案内板が出されていて、中には韓国の書籍があった。大学は夏休みということと、戦時下で授業はオンラインで行なわれていることもあって閑散としていた。電気も消され、板張りの廊下は暗かった。外はよく晴れた夏の気候だったが、主《あるじ》を失った教室は冷え切っていた。

そこにデニスさんの長年の友人であるオレグ・スラボスピツキさんが来てくれた。32歳という年齢だけではなく誕生日もデニスさんと全く同じで、それが縁で高校時代に話すようになったという。私は3月にオンラインで一度インタビューしていただけだったが、生前のデニスさんと関わりがあったということでオレグさんは親しみを感じてくれたのか、デニスさんの住んでいたアパートで詳しく話そうということになり、大学を後にして市内のアパートに向かった。

「部屋の管理のこともあるからといって鍵を預かっていたんだ」と言いながらオレグさんは、デニスさんが暮らしていたキーウ市内のアパートの扉を開けた。デニスさんがけがの治療を終えて戦線に戻る前に、「万が一何かあった時のために」ということで自分のアパートの部屋の鍵を託したのだという。その「万が一の何か」が実際に起きてしまった。

部屋はきれいに整理され、大学の教員だったらしく本も多かった。ピアノもあり、音楽が好きだったことがうかがえた。韓国への留学時代の思い出の品なのだろうが、「ソウル国立大学」と書かれた飾りもあった。そこでオレグさんがデニスさんとの思い出を語ってくれた。

「ピアノを弾き、政治にも興味があり、ビールが好きな、どこにでもいる若者だった。聡明で闊達だった。軍には自分で志願して参加した。それまでも予備役として軍で活動していたこともあり、軍事侵攻が始まった2月24日の翌日には迷わずに空挺旅団に参加した。家族と友人を守りたいと話していた」。しかしデニスさんは先のこともすでに見据えていたという。「この戦争が終わったら、起業したい」と夢を語っていたという。そう語って、デニスさんはドンバス地域の防衛の最前線となっていたハルキウ州イジューム近郊の戦線に向かったのだった。

気丈な母親

両親とも連絡がとれた。父親は国外に出張中だが、母親は西部イワノフランキフスク近郊の実家にいて、息子のことならば喜んで取材に応じるということだった。

7月12日、朝5時に夜間外出禁止令が解除されると同時にキーウを出て、車で9時間近くかけて西に移動した。車の窓からは、鮮やかな黄色の花を咲かせるひまわり畑が次から次に目に飛び込んできた。午後1時半頃、野菜などの畑が広がる平穏な農村にある実家に着いた。我々の車が家の前に止まると、すぐに門から小柄な女性が出てきた。母親で60歳のマリアさんだった。笑顔が3月にオンラインでインタビューした時のデニスさんとそっくりだった。「キーウからわざわざ来てもらってありがとう」と言われ、家の中に招かれた。居間のテーブルの上にはデニスさんの遺影が飾られていたほか、デニスさんの戦死を伝える地元の新聞も置かれていた。それを前にマリアさんは気丈だった。「息子はとても勇敢で聡明だった。国を守るために戦ったこ

母親のマリアさんは「国を守るために戦った息子を誇りに思う」と繰り返していたが、息子の墓の前で涙があふれた。（画像提供：ＮＨＫ　2022年７月）

とを誇りに思っている」と何度も息子のことを褒めた。

マリアさんのスマートフォンにはデニスさんが亡くなる前夜の5月10日に送られてきた1枚の写真が残っていた。そこに写っていたのは破壊されたロシア軍のいくつかの戦車だった。ドローンの操縦をしていたデニスさんが上空から撮影したもので、デニスさんたちの部隊の近くまでロシア軍が迫っている様子がうかがえた。その時のやりとりを最後に息子からの連絡は途絶えた。マリアさんはデニスさんに電話をかけ続けたがつながることはなく、5月14日になって軍からの連絡で息子の死を伝えられた。亡くなってから3日後のことだった。「ロシア軍の激しい砲撃にさらされ身を隠すことができない中で、爆発した砲弾の破片が当たったという説明だった。仲間の兵士が救助に向かった時はすでに死亡していたそうだ」と話した。

マリアさんが努めて明るく振る舞っているのは分かった。まるで息子の親しかった友人にでも話すように我々に接した。マリアさんはデニスさんが集めていた切手の束を持って行くようにと促した。「お母さんが持っていてください」といくら断っても、「絶対に持って行くように」と半ば強引に手渡された。3月にオンラインでインタビューしただけだった私だが、それでも生前の息子とのつながりがある人と話をすることで、息子を近くに感じようとしているようだった。息子とつながるものには、それがどんなに些細《ささい》なつながりであったとしても、惜しみない愛情を注ぐ姿に胸がいっそう締めつけられた。

家から車で10分ほどの場所にその地区の住民たちの墓があり、デニスさんの墓もあった。マリアさんは毎日朝晩の2回必ず訪れるという。墓の前にはたくさんの花が置かれていた。「息子は国を守るために戦った。誇りに思う」と繰り返していたが、突然目から涙がぽろぽろとこぼれた。「子どもを失った母親、父親の苦しみは言葉では表せない」と話した。最初に見せていた気丈な姿はなくなっていた。

マリアさんはデニスさんと最後に交わした会話を教えてくれた。侵攻が始まる前の1月、実家に戻っていたデニスさんが休暇を終えてキーウに戻る時、「さよなら」と言って車に乗ろうとした際、突然振り返って「お母さん、ごめんなさい」と言い出すので、マリアさんが不思議に思って「なぜ急に謝るのか」と尋ねたら、「お母さん、心からありがとう」と言って、目には涙を浮かべていたという。

増え続ける戦死

ロシアの軍事侵攻が始まってから犠牲になったウクライナ軍兵士の人数は明らかになっ

ていない。ウクライナ当局は2022年6月の時点で、毎日100人から200人の兵士が前線で死亡しているとの見方を示していた。アメリカ軍の高官は11月、ウクライナ軍の兵士の死傷者はおよそ10万人に上るとの見方を示した。世界のどこであっても、もちろん日本であっても、同じようにそのひとりひとりの若者に人生があり、未来があり、家族がいて友人がいる。

マリアさんに別れを告げて車で2時間ほどのイワノフランキフスクの町でホテルに入った。夕立の時間と重なった。激しい雨が1時間ほど降って、ほてった夏の一日に終わりを告げた。しかし、息子を戦場で失った母親の悲しみに終わりはない。あの時なぜ急に謝ったのか、マリアさんがデニスさんに聞くすべはもうない。

第8章　情報戦

ファクトチェック団体の懸念

ウクライナの厳しい現実があるにもかかわらず、それと全くかみ合わない現状認識はロシアに留まらずアフリカの一部にも急速な広がりを見せていた。そのパラレル・ワールドは地理的な距離のせいで生じているわけではなく、むしろ意図的に作られている現状も浮かび上がってきた。

2022年8月下旬、夏のウクライナの取材を終えて、6月に続いて再び西アフリカのマリの首都バマコを訪ねると、インターネットで流れるさまざまな情報の真偽を調べるファクトチェックの活動をするNGOの事務所で、代表の44歳のアブドゥレイ・ギンドさんがパソコンを前にため息をついていた。ギンドさんは政治や社会の問題を扱うブロガーだったが、6年ほど前からファクトチェックの活動を本格化させ、5人の仲間とともに日々インターネットで飛び交っている膨大な情報と向き合っている。表情が浮かない理由を尋ねると、「今日も新たなデマ情報が広がっている。毎日チェックしているがその勢いは増す一方だ」と答えた。そうしたデマ情報は決まってマリの旧宗主国でイスラム過激派の掃討作戦のために部隊を派遣してきたフランスや国連のPKO（平和維持活動）の部隊を貶《おとし》める一方で、ロシアを称える内容のものだと言う。

ギンドさんがいくつかの例をパソコン画面で見せてくれた。あるＳＮＳの投稿では、フランス軍とマリ軍の兵士の写真について「フランス軍がマリの金《きん》を奪っている」としていた。しかし、これは掃討作戦の中でフランス軍とマリ軍の兵士が過激派の武器を見つけて押収している写真だ。ギンドさんは「写真はもともとフランス軍の活動を伝える広報用のものであり、何年も前のものだ。しかし加工された。そもそもこの写真が撮られた場所は金が採掘されていない場所だ」と説明した。また別の投稿では、ロシアが列車で兵器を運び出す様子だとする写真があり、マリのイスラム過激派との戦いに供するためにマリ政府に武器を届けに来ていると主張している。これについても、ギンドさんは「ちゃんと写真を見れば、そもそも列車に載せられているのは建築機材であり、兵器の搬送とは無関係だということが分かる」と指摘した。

ギンドさんはインタビューで「我々は情報戦のただ中にいるが、この情報戦ではデマ情報が重要な役割を担っている。背後にロシア政府がいるかどうかは分からない。しかし、デマ情報はますます巧妙になり、見破りにくくなっている。背後に何らかの組織的なものがあるようには感じる」と指摘した。その上で「デマ情報はフランス軍や国連のＰＫＯ部隊への憎しみを生むことを狙っている。それに加えてマリの社会を分断しようとしている」として懸念を示した。

「デマ情報のキャンペーン」

マリなどアフリカでのデマ情報の広がりについて、アメリカ国務省は２０２２年11月４日の報告書で、ロシアの民間軍事会社ワグネルの創設者であるプリゴジン代表がアフリカのサハラ砂漠南側のサヘル地域での「ロシアの影響力の拡大」に関与しているとした上で、この動きを「デマ情報のキャンペーン（disinformation campaign）」と呼んで批判した。

報告書によると、ロシアが拡散している主なナラティブとしては、軍事クーデターを「アフリカでの新たな脱植民地化の動き」として正当化するものや、「ワグネルの成功」を宣伝するもの、さらに「西側がサヘル地域にテロ組織を送り込んでいる」とする虚偽の主張などがあると指摘している。ナラティブ（narrative）とは日本語では主張や言説、さらには物語と訳せる。そして、そうしたロシアの利益を拡大するナラティブを拡散するために、プリゴジン代表は「汎アフリカ主義を掲げるアフリカの活動家たちと協力」しており、「こうしたインフルエンサーを介することによって、クレムリンにつながる組織によるアフリカでの工作への関与が曖昧にされたまま、アフリカの世論がクレムリンの政策目標に合致するように形づくられている」とアメリカ国務省は分析している。

マリでロシア寄りのナラティブを拡散しているインフルエンサーのドリッサ・メメンタさん。(画像提供：NHK　2022年9月)

インフルエンサーを直撃

マリでロシア寄りの情報を拡散させている親ロシア派のインフルエンサーの一人が取材に応じた。ドリッサ・メメンタさんは地元大学の法学部を卒業した37歳の弁護士だ。3年ほど前からSNSへの投稿や集会などで、1960年に独立するまで70年近くにわたってマリを植民地支配し、独立後も政治や経済、文化の面で強い影響力を保ってきたフランスを批判する一方で、ロシアを擁護するメッセージを拡散してきた。

メメンタさんのSNSを見ると、2022年7月15日にはマリに展開する国連のPKO部隊、M

ＩＮＵＳＭＡ（国連マリ多面的統合安定化ミッション）について、「ＭＩＮＵＳＭＡはまもなく全滅する」と投稿している。また取材の２週間ほど前の８月15日は、フランス軍が10年近い駐留を経てマリからの撤退完了を発表した日だったが、「歴史的な日だ」と投稿した。

さらに、複数の投稿にはロシアのプーチン大統領の写真を載せていて、偉大なリーダーだと称えている。それでも、バマコ市内の事務所を訪れた際の自己紹介でメメンタさんは、「自分は親ロシアだと言われているがそれは違う。自分は親マリであり、親アフリカだ」と言い切った。

インタビューでは雄弁に持論を展開した。

――あなたの活動は、フランス軍のマリからの撤退につながったと思うか？

「まずはフランスの外交政策がどのようにひどいものなのか、次にフランスがどのようなひどい行動をしているかを人々に知らしめることができた。もちろん自分だけの活動ではない。ほかにも影響力を持つ人はいて、彼らの活動との相互作用だ」

――フランス軍の撤退で目的は達成されたのか？

「確かにフランスの部隊は去った。しかし引き続きフランスの外交政策の影響が残っているし、何よりもフランスの文化だって残っている。通貨だってフランスの影響下にあるCFAフランが使われている。それらを全て追い出したい。私とあなたはフランス語で会話しているが、フランス語だって出て行って欲しい」

――フランスへの激しい憎しみを感じるが？

「我々は単純に独立した一人の人間としてきちんと扱ってもらいたいだけだ。我々の世代は前の世代が成し得なかった本当の意味での独立を果たせるかもしれない」

――ロシアの影響力の高まりをどう思うのか？

「ロシアとの関係は良好でウィンウィンの関係だ。フランスのように上から目線で我々を指図するものでもなければ、植民地化するものでもない」

――一方で、あなたのことをロシアの手先だと批判する人がいるとすればどう答える？

「そのようなことを言う人に対しては、アフリカの人はあたかも自分で判断できず、常に主人に従うしかないとでも考えているのかと言ってやりたい。我々アフリカの人々は誰が真の敵で、誰が真の友人であるかを十分知っている。我々が求めているのは敬意だ」

メメンタさんのこうした主張はマリ国内で多くの支持を得ている。その時点でSNSでのフォロワーは12万人近くになっていた。そうしたフォロワーに人気なのが、メメンタさんが政治や外交問題に関して自説を展開するライブ配信だ。取材した日にも、ライブ配信で演説を始めると数分もしないうちに500人近くが視聴を始め、次々と賛意を表すハートマークが寄せられた。

インタビューを終えてメメンタさんに挨拶して別れると、複雑な感情になった。対象は何であれ、むき出しの憎悪や悪口を繰り返し聞かされて、単純に受け入れがたいと感じた。その一方で、フランスの植民地支配やアフリカ政策の問題点についてのいくつかの指摘は、誇張はあれども決して誤りばかりとは言えないものだった。フランスの植民地支配の歴史をめぐっては、私も学生時代のフランスへの留学や、それ以降のフランス人との会話で、フランス側では十分に認識されていないと常々感じている。「そもそもフランスの植民地支配はよいことだった」と平然と言い放つ人もいる。しかし、アフリカ側に多くの犠牲と破壊をもたらしたことは紛れもない事実だ。

しかも旧植民地からの移民を受け入れてきたフランスでは、近年、移民の排斥を声高に叫ぶ極右政党も台頭している。フランスの大統領選挙では2017年と2022年、2回連続で決選投票に極右政党の候補が進出しているのが実態だ。「多様性こそが豊かさでありフランスの力だ」という信念を貫こうという気概がある人も多いが、フランスで生活し、フランス語を理解できれば、日常生活のさまざまな場面でアフリカの黒人や中東のイスラム教徒、さらには我々アジア人に対しての人種差別は残念ながら耳にしたり体験したりする。

メメンタさんの話には、こうしたフランスの実情を根拠にした不信感や反発の感情が詰まっていて、その感情がウクライナ侵攻でフランスなど欧米と対決する構図になっているロシアへのシンパシーへと転じているようだった。

「ナラティブの戦い」

イギリスの政治経済誌『エコノミスト』は、「ロシアはどのようにしてグローバル・サウスを取り込もうとしているのか」と題された2022年9月22日付けの記事で、この反発の感情に注目した。

記事では「ロシアのプロパガンダは、すでに存在する分断や緊張につけ込んでいる」とした上で、「人々の感情を非常に効果的に活用している」という識者の分析を紹介した。

その例として、途上国で見られる「先進国は途上国の課題に関心を払っていない」という不満に乗じる形で、「食料価格の高騰はロシアによる黒海の封鎖ではなく、西側のロシアに対する制裁が引き起こしたものだ」という主張を流布させているとしている。また「ヨーロッパ諸国がシリアからの難民の受け入れで冷淡だったのと対照的に、ウクライナから避難する人を温かく迎え入れた」ことへの反発に乗じて、「西側は偽善的だ」という印象を拡散させているとし、その上で、記事では「ナラティブの戦い」が起きていると指摘している。

それにしてもロシアに有利なナラティブの浸透ぶりは想像以上だった。

マリだけに限らず、アフリカのほかの国や都市でもますます頻繁に耳にするようになった。駐在先の南アフリカのヨハネスブルクの床屋やスーパーでレジの順番待ちをしている時など、地元の人との会話の中で、ロシアによるウクライナ侵攻をめぐって、「ロシアが戦争に乗り出さざるを得ないように追い込んだ欧米が悪い」などとロシアを擁護する声をよく聞いた。これに対し、「ではロシア軍がウクライナの市民が暮らすアパートや発電インフラにミサイル攻撃を繰り返していることはどう思うのか。息子が国を守る戦いに参加して戦死し、墓の前で涙を流す母親もいた」と伝えると、それまで勢いよくロシアを擁護していたことが気まずくなるのか黙り込んだりする。

ウクライナの現状は欧米メディアだけではなく、南アフリカのメディアも多く伝えていた。それでも「かみ合っていない」と日々、痛感するようになった。

ナラティブがもたらす分断

ロシアのナラティブは現実の外交まで動かしているようだ。

侵攻開始直後の3月2日に採択された国連総会での決議では、欧米や日本を中心に141か国が賛成した。その一方で5か国が反対し、35か国が棄権した。棄権したのはアジアでは中国やインドに加えてベトナム、ラオス、パキスタンなど、またアフリカではマリをはじめ、南アフリカ、ナミビア、モザンビーク、ウガンダなど、グローバル・サウスの国々が目立った。

アフリカ54か国の投票行動を詳しく見ると、反対したのはエリトリア1か国、棄権したのは17か国、そして、そもそも投票に参加せず意思表明をしなかった国が8か国ある。逆に、決議案に賛成してロシア非難の意思を明確にしたのは28か国で、アフリカの国のおよそ半数に留まった。これが10月12日になるとアフリカで棄権する国はさらに増えて19か国になった。マリにいたっては、当初は棄権していたが、年が改まった2023年2月、侵攻開始から1年になるのに合わせてロシア非難の新たな決議案の採決が行なわれた際には、反対票を投じ、ロシア寄りの姿勢をさらに鮮明にしたのだった。

アフリカはヨーロッパ列強の植民地支配や冷戦時代の米ソの介入に苦しんできただけに、ロシアによる別の主権国家への露骨な武力侵攻には真っ先に反対すると考えられていた。実際、2003年にアメリカが安保理の承認を得ずにイギリスとともにイラク戦争に乗り出す前には、多くのアフリカ諸国は開戦に反対の立場だった。またウクライナ産小麦などの農産物を多く輸入している国もあり、侵攻の影響で食料価格が高騰するなど打撃を受けることになると早くから懸念されていた。

それなのにアフリカの少なくない国々が「ロシア寄り」の外交姿勢を見せているのだ。

クーデターまで引き起こされた

ロシアに有利なナラティブが軍事クーデターにまでつながったと指摘する声もある。

マリでは2020年8月18日に軍部が蜂起して、それまで7年間にわたって権力の座にあった当時のケイタ大統領が拘束され辞任に追い込まれた。ケイタ元大統領は失意の中、

2022年1月に76歳で亡くなった。そのクーデターの背後に「デマ情報のキャンペーン」があったと指摘するのが、クーデターで権力を掌握した軍部によって議会が停止するまで議員を務めていたボカリ・サガラさんだ。サガラさんはケイタ元大統領と近く、アドバイザーのような役割を務めていたという。柔和な表情の温厚な男性だ。

ボカリ・サガラさんはロシアに有利なナラティブが急速に広がるマリの現状に深い懸念を示した。(画像提供：NHK　2022年9月)

――クーデターの前、マリの世論はどうだったのか？

「国民はフランスが軍事介入を始めた2013年当初は期待を高め、フランスを歓迎した。しかしその後も過激派が勢力を増しテロが頻発する中で期待は急速にしぼみ、フランス以外の選択肢が必要だという世論に変わった。その際に世論の批判の矛先は当時のケイタ大統領に向けられ、『まずはケイタを変えろ』という声が高まった」

――なぜ当時のケイタ大統領に矛先が向かったのか？

「ケイタ大統領に関するさまざまなデマ情報が流されるキャンペーンが行なわれた。『フランスを訪問した際にはパリの豪華なホテルに宿泊した』とか、『フランスにべったりだ』といった悪意のあるデマが大量に流された。確かにケイタ大統領はフランスとは縁が深かった。フランス語はもちろんラテン語も理解し、親フランスではあった」

――しかし、あの世代で教育を受けたマリ人は誰であっても、少なからずフランスとは縁があるのは当然ではないか？

「しかしそのことばかりが誇張された。フランスとのつながりが深いことが、あだになったのだ」

――2019年にロシアで初めてアフリカ諸国の首脳などを集めた会合が開かれた時には、ケイタ大統領も出席しているが？

「ケイタ大統領は何もフランスばかりを重視しているわけではなかった。ロシアとも関係を維持した。日本も大事なパートナーだと考えていた。しかしそうした事実は人々が持つ一方的なイメージを変えることはなかった」

――デマはどうやって拡散したのか？

「やはりインターネットで拡散した。今、マリで流布している最大のデマは『マリにはロシアの民間軍事会社のワグネルがいる』というものだ。政府が肯定しようが否定しようが、国民の頭の中では『ロシアに関する者は全てワグネルだ』となっている。そして、『ワグネルが過激派を殺してくれている』、『ワグネルが解決策だ』と信じ切っている」

――しかし、テロはむしろ増えているのが現状ではないか？

「実際には過激派の勢いは増していて、テロの件数にしても増えている。私はマリの中部が選挙区だが、そこでも状況は悪化している」

インタビューの最後にサガラさんが語った言葉が印象に残った。

「そもそも過激派対策は武力だけではない。まずは教育だ。残念ながらマリの大多数の国民は教育の機会が保障されていない。ＳＮＳで流れる情報を批判的に考察せずに、疑うことなく受け入れてしまう傾向がある。次に雇用が重要だ。過激派には貧しい農村の若者たちが次々に勧誘されている。仕事もなければ希望もない。職業訓練や雇用の機会が何よりの過激派対策であり、それこそが真の解決策だ」

ロシアによるウクライナ侵攻開始後、アフリカのようなグローバル・サウスで激しさを増す「デマ情報のキャンペーン」。それにどう対抗するかを考える時、社会や経済の開発をめぐる地道な取り組みを進めることの重要性が改めて浮き彫りになっている。

第9章　徹底抗戦

強い意志

ウクライナの現地取材を通して私が最も強い印象を受けたことがある。それは人々の「徹底抗戦」の強い意志だった。

正直、私は当初この気持ちをよく理解できなかった。日本からも「なぜウクライナの人たちはそこまで抵抗を続けることができるのか」という質問を受けることが少なくなかった。もちろん強大な隣国からの武力攻撃に対する義憤や国土防衛の気持ちがあることは容易に想像できた。ウクライナの歴史が言語と文化を守る闘いだったことから不屈の精神が根強いことも学んでいた。それでもここまでこの気持ちが強いものかと思ったほどだ。この意志に接するたびに、私はこれが何を意味しているのかを考え続けることになった。

最初にその意志に触れたのはポーランドの駅での取材時だった。侵攻開始を受けて、2022年3月上旬に南アフリカからポーランドに飛び、南東部ジェシェフでウクライナ入りする列車の状況を調べるために、ジェシェフから近いプシェミシルの駅を訪ねた時だ。ウクライナからの列車は逃れて来た女性や子ども、高齢者の乗客で満員だった。ホームも大混雑していて、人をかき分けながら歩くしかないような状況だった。ようやく駅の反対側にあるウクライナ行きの列車の乗り場にたどり着くと、駅員は「ウクライナ行きの列車は運行している。しかし時間は全く読めないので、とにかく待って列車が来たら乗り込むように」ということだった。数分立っているだけで参るような駅の外の厳寒の中、いつ来るか分からない列車を待つことになるのかとたじろいだ。しかし、その乗り場の前には30人ほどがいて、ウクライナ行きの列車を待っていた。厚手のコートを着て、毛布をかぶって、黙って列を成していた。

このうち37歳の男性は、普段はポーランドで運転手の仕事をしているが、元兵士だったことから、ロシアとの戦闘に参加するために南部のオデーサに向かうということだった。男性は「ウクライナは自分たちの国であり、ほかの誰かに奪われるわけにはいかない。家族と友人を守りたい」と話した。元兵士だけではなかった。27歳の女性はチェコで勤務していた会社を辞めて、50代の両親が暮らす町に向かう途中だということだった。「ロシアはウクライナからウクライナ人を追い出そうとしている。しかし追い出されたらロシアの思い通りになるだけだ。外国にいる場合ではない。ウクライナの土地に戻り、そこに暮らすことが私の闘いだ」と言い切った。

「誰もが役割がある」

その後、陸路でウクライナ入りして、西部のリビウにある図書館を取材した時も、ボランティアの人たちは強い意志を示した。中世の町並みが残り、ユネスコの世界遺産にも登録されているリビウ旧市街の中央広場に面するその公立図書館では、読書室にある机や椅子が撤去されてスペースが確保され、迷彩柄の大型ネット作りが市民のボランティアによって行なわれていた。ネットは検問所や軍用車両などにかけ、上空から見えにくくして空爆から守るためのもので、ボランティアたちは真剣な表情で地域の住民から提供された茶色や緑色の布切れを大きな網にくくりつける作業を続けていた。

ボランティアたちは入れ替わり立ち替わりやって来ては作業をし、毎日延べ100人ほどが参加しているということだった。31歳のオクサナ・グニイデュクさんは出版社での仕事のかたわら、時間を見つけては図書館に立ち寄って毎日ネット作りに参加していた。「自分の祖国を守るために自分にできることをしているだけだ。誰もが何かの役に立ちたいと思っている。実際、誰もが自分なりの役割がある」と話した。

徹底抗戦の気持ちとともに、このボランティアの女性のようにウクライナの多くの人が

「誰もが自分なりの役割がある」という言葉を口にした。その言葉がウクライナの取材で何よりも印象に残ったことの一つだ。

「部屋の電灯は消してください」

その気持ちの根底には、しかし、人々の絶望的なまでの強い危機感もあった。

9月に入り、ウクライナの短い夏が過ぎ去ろうとしていた頃、膠着していた戦況が一気に動いた。9月9日、ゼレンスキー大統領が、「ウクライナ軍が東部ハルキウ州で30以上の集落を奪還した」と発表したかと思うと、ウクライナ軍は電撃的なスピードでハルキウ州のほぼ全域を解放し、反転攻勢を進めた。特に象徴的だったのが、州内の重要拠点イジュームの奪還だった。

イジュームは交通の要衝にあり、ロシア軍は侵攻開始から1か月後の3月下旬に制圧し、そこをドンバス地域の完全制圧を狙うための補給などの拠点にしていた。ウクライナ軍兵士のデニス・アンティポブさんが5月に戦死したのもイジュームの近郊だった。軍事専門家のセルヒー・ズフーレツさんが7月のインタビューで「反転攻勢のための時間の猶予はあまりない。秋になり雨の季節を迎えると道路がぬかるみ、軍用車両などの移動がより難しくなる。その前に反転攻勢に出る必要がある」と指摘していたが、どうやら間に合ったようだった。

9月15日、イジュームに向けて慌ただしくキーウを飛び出した。午後2時にキーウを出て、途中で7月に訪れていたポルタワを通過しながら、6時間以上かけてハルキウに入った。途中の検問所では車に乗っている全員のプレスカードとパスポートを確認され、ピリピリした雰囲気だった。普段ならば同乗者の一人か二人が確認されるだけだが、この時は全員が確認された。

7月上旬は夜の11時でも明るかったが、9月になると午後7時前には日が暮れるようになっていて、午後8時にハルキウ市内に着いた時はすでに夜だった。市内は真っ暗だった。商店や住宅のほか街灯も全て消えていた。アパートの部屋の中にも明かりがついておらず、すれ違うほかの車のヘッドライトだけが闇夜に浮かび上がった。「町全体が停電しているのではないか」と同僚たちと話した。しかし停電ではなかった。ホテルに到着してチェックインの手続きを済ますと、受付の女性から「部屋に入った後、電灯をつけないようにお願いする。もしつけることがあっても、窓のカーテンをしっかり閉じて明かりが漏れないようにするのが大切だ。当局から強く要請されていることだ」と説明された。理由を尋ねると、「ロシア軍はそうした明かりを目印に撃ち込んでくるので、安全のためだ」と言われた。

攻撃から守るために、夜間はあえて街灯も照明も消しているというのだ。緊張した面持ちになった同僚たちと顔を見合わせた。そしてホテルの地下にあるシェルターの場所を確認してから解散して、それぞれの部屋に入った。もちろんカーテンはしっかり閉じた。案の定、夜の間、爆発音が聞こえて防空サイレンも一時鳴った。翌朝ハルキウ市内を車で移動すると、一部が崩れた集合住宅や、砲弾が撃ち込まれ火災になり黒く焼けたビルなど、いたるところにそれまでのロシア軍の攻撃の傷痕があった。

破壊されたイジューム

ハルキウの中央駅に集合し、午前7時半、地元ウクライナやほかの外国メディアとともにウクライナ当局の用意したバスに乗り込んで出発した。車列の前と後ろにはウクライナ軍の護衛がついた。しとしとした雨が降り続けた。ハルキウ市内を出るとすぐに農村地帯になり、舗装されていない道路には水たまりができ、泥がぬかるんでいた。重量の重い車のタイヤがはまったら出すのが大変なことは容易に想像できた。軍事専門家のズフーレッツさんが話していた「秋の雨の季節を前に反転攻勢をしないといけない」という意味がよく分かった。

普段ならば2時間かからないという120キロの距離を進むのに3時間近くかかり、午前11時前にイジュームに入った。携帯電話は通じなくなり、頼りは衛星電話だけ。しかしそれもなかなかつながらない。路上にはロシア軍のシンボルであるアルファベットの「Z」の文字が書かれた戦車などの軍用車両がいくつも放置され、ロシア軍が急いで撤退した様子がうかがえた。ウクライナ軍兵士がいくつかのグループに分かれて検問所や町中に展開していた。デニス・アンティポブさんも生きていればその中の一人だったのだろう。

「デニスさん、イジュームは解放されたよ」と心の中で報告した。

町の中心部は「完全に」と言っていいほど破壊されていた。それまで見たキーウ近郊のブチャやイルピンよりもひどい状況だと思った。学校の校舎は屋根が落ち、門も大きく崩れていた。砲弾が直撃して教会のドームにも大きな穴があいていた。残っていた建物にしても窓ガラスは吹き飛んでいて、広い範囲で黒く焼けていた。壁一面に銃弾の痕が残っている建物もあった。そうした中で、破壊されていたものの市役所の建物の上にはウクライナの青と黄色の旗が掲げられていた。町がウクライナ側に戻ってきた証《あかし》だった。

イジュームの北側にある森の中ではロシア軍の拷問や処刑で命を落とした住民と見られる遺体を埋葬した集団墓地が確認され、衝撃が広がった。（画像提供：ＮＨＫ　2022年９月）

森の中の集団墓地

森の中は異様な雰囲気だった。

イジュームの北側にある森を進むと、青や白の防護服をまといマスクを着けた数十人の作業員が土を掘り返していた。多くの人が殺害され埋められている「集団墓地」の存在が確認されたのだ。地面には、地中から掘り出された遺体が並べられていた。青いズボンをはいていた男性のものと見られる遺体は膝が折れ曲がっていた。ズボンは一部がちぎれ、遺体の足は痩せ細っていた。私が見えた範囲では少なくとも６人の遺体があった。

捜査員たちはそうした遺体のそばにかがんで特徴を記録していた。ハルキウ州の検察トップは記者団に対して、「すでに25人の遺体が見つかった。この一帯では５００人ほどの遺体が埋められている可能性がある。首にロープが巻かれたり、両手を縛られたりした状態の遺体も見つかっている。拷問や処刑の被害だと見られる」と述べ、ロシア軍による戦争犯罪の疑いで捜査を進める考えを示した。

雨がしみ込んだ森と作業員たちの汗のにおい。そして掘り起こされた遺体から立ちのぼる死臭。ポケットからそっとハンカチを出して鼻と口を覆った。そうした中で黙々と行なわれる作業。聞こえる音は、ざくっざくっと土を掘り返すスコップの音だけだ。「この事実を決して埋もれさせまい」という作業員や捜査員たちの決意が伝わった。

地面に並べられた遺体は軍事侵攻と占領のむごさを無言で訴えていた。

一方的な併合

ロシアは領土的野心をさらにむき出しにした。

9月21日、プーチン大統領は国民向けのテレビ演説で、職業軍人だけでなく予備役を部分的に動員する大統領令に署名したと発表し、30万人が集められることになった。演説でプーチン大統領は「ドンバス地域での特別軍事作戦はネオナチ政権からの解放のためだ。

西側は我が国を弱体化させ、分割し、究極的には破壊しようとしている」と従来の一方的な主張を展開した。また「ワシントン、ロンドン、ブリュッセルはあらゆる手段でロシアを戦場で打ち負かすと公言している。我が国の領土の一体性が脅威にさらされている」とあたかも被害者であるかのような理屈も持ち出した。その上で「ロシアと国民を守るために我々は持てるあらゆる兵器を使う」とも述べて、改めて核兵器の使用をちらつかせた。プーチン大統領は「これははったりではない」と述べて、露骨に威嚇した。

その後、9月23日から27日にかけて、ロシアを後ろ盾とする親ロシア派の勢力がウクライナ東部のドンバス地域のドネツク州とルハンシク州、南部のザポリージャ州とヘルソン州の4つの州で「住民投票」だとする活動を強行した。「住民投票」といっても茶番だった。ルハンシク州に住む45歳の女性は電話でのインタビューで、「投票用紙には『ロシアの一部となることを支持するか』という質問が書かれている。ロシア側の当局者が投票用紙を持って住宅や職場を回り、その場で投票を行なうよう促している」と述べ、投票が半ば強制的に行なわれている様子を語った。

想定されていた通り「住民投票」の最終日とされた9月27日にロシア側は、住民の大多数がロシアへの編入に賛成したと発表し、プーチン大統領は30日、4州のロシアへの併合を一方的に宣言した。ウクライナの国民も政府も強く反発した。ハンナ・マリャル国防次官は、キーウでのインタビューで「ロシアの偽りの住民投票は法的には全く意味がない。いくら偽の住民投票を行なっても、4州は国際的に承認されたウクライナの国土であり返還されなければならない」と述べた。そして「ウクライナ全土の掌握というロシア側の狙いには何も変わりはなく、ロシアが強大な敵であり脅威だということはきちんと理解しないといけない。確かに東部の反転攻勢によって、9月だけで9000平方キロメートルを取り返し、およそ400の町や村を解放した。しかし国土の20%は依然ロシアに奪われている。連日多くの兵士が命を落としていて、熾烈《しれつ》な戦闘が続いている」と情勢の厳しさを話した。

根底にある危機感

イジュームでの取材を終えて州都ハルキウに戻ると、雨の合間に少しだけ青空がのぞき、秋のうろこ雲が広がっていた。もしイジュームが奪還されなかったらと思うと恐ろしい気持ちになった。ロシア軍による破壊も、住民の殺害や拷問、それに集団墓地の実態も知られることはないままだった。解放されてようやく白日の下にさらされた。逆に言えば、ロシアの支配が続く地域ではイジュームと同じような破壊と犠牲が知られることなく続いている恐れがある。徹底抗戦の意志の背景には「一刻も早く国土を取り返さないと犠牲は増える一方だ。完全な勝利、完全な解放を達成しない限り平和が訪れない。抵抗する以外に選択肢がない」という強い危機感があるのだ。

この危機感がグローバル・サウスで共有されていないことが、一部でパラレル・ワールドを生んでいる根本的な原因なのではないかと考えた。いや、グローバル・サウスだけではない。ノースでも、もちろん日本でも、どこまで認識されているのだろうかと疑問を感じた。日本で「抵抗しても無駄だ。早く降伏するのがウクライナのためだ」と話す人がいた。しかし、それは抵抗をやめたら支配地域の同胞を助けることができない上、さらに攻め込まれてより多くの国土を奪われる脅威に直面している人々に投げかける言葉なのだろうか。そうかと思えば「戦争の話ばかり報じて、戦争を推進している」という言葉を私に投げつけてくる人もいた。しかし戦争の現実を見ないふりを続ければ戦争のない世界は訪れてくれるのだろうか。戦争の現実から目を背ければ、地球上から戦争がないことになるというような特別な魔法などあるわけがない。

「生きている者は戦争のリアルをしっかり記録して、平和を作るために積極的に行動せよ」

イジュームの森の中の集団墓地から犠牲となった人たちの悲痛な叫び声が聞こえた気がして、重大な責任に身震いした。

第10章　欧米がそこまで憎いのか

「虹の国」を誕生させた国際連帯

「傷を癒やす時が来た。我々を分断する溝に橋をかける時が来た。黒人も白人も、すべての国民の尊厳が守られる『虹の国』を打ち立てよう」

1994年5月10日、南アフリカの首都プレトリアで、アパルトヘイト（人種隔離政策）の撤廃後に初めて行なわれた、全ての人種が参加する民主的な選挙を経て選出されたネルソン・マンデラ大統領の就任演説の有名なフレーズだ。

イギリスの植民地支配を受け、1910年に自治領となった南アフリカでは、少数の白人が大多数の黒人を差別する政策が強化され、アパルトヘイトと名付けられた。白人至上主義に基づく政治体制では黒人は土地を追われ、政治参加や移動の自由も奪われた。白人政権の治安機関によって黒人の解放運動は弾圧され、アフリカに最後まで残った植民地主義とも言われた。その体制と長年戦ったのがマンデラ氏の率いたANC（アフリカ民族会議）だ。

アパルトヘイト体制の崩壊において、ANCによる闘争に加えて重要な役割を果たしたのが反アパルトヘイトの国際的な連帯だった。1950年12月、国連総会は「アパルトヘイトは人種差別だ」と宣言したのに続き、1960年4月には国連の安全保障理事会がこの問題について初めて行動し、白人政権に対して「国連憲章に則《のっと》った政策をとっていない」などと非難した上で、「アパルトヘイトと人種差別政策の放棄を求める」とする決議を採択した。常任理事国のフランスとイギリスは白人政権との経済や外交上のつながりを考慮し決議案に棄権はしたが、拒否権の行使まではしなかった。

この決議から3年後の1963年、安保理は新たな決議を採択して、全ての国連加盟国に対して南アフリカへの武器の販売や提供を禁ずることを求めた。その後も1989年には南アフリカへの石油の提供も禁じるなど、安保理は比較的一致した行動をとった。安保理のどの常任理事国も直接の当事者ではなく、白人政権に肩入れすることは許されないという国際世論もあり、拒否権が乱発されて安保理が完全に機能不全に陥ることもなかった。

国連だけでなく、国際オリンピック委員会が南アフリカを追放するなど、政治や経済、外交さらにはスポーツの面でもアパルトヘイトに固執する白人政権を制裁で締め上げた。マンデラ氏もしばしば制裁の効果に言及した。1990年、27年間に及んだ投獄から解放された後に国連総会で行なった演説でも、アパルトヘイト撤廃のプロセスが完全に終わるまでは制裁を緩めないようにと訴えたほどだ。

時間はかかったものの、国際的な連帯の力が発揮されて、アパルトヘイトの撤廃は平和的に行なわれた。米ソの東西冷戦が終わり、白人政権がANCのことを共産主義者と喧伝することで西側の庇護《ひご》を得られにくくなった事情もある。マンデラ氏が大統領就任演説で「虹の国を打ち立てよう」と呼びかけた際、その「虹の国は自国だけではなく世界とも平和を築く」と呼びかけている。国内での人種の融和と和解に加えて、白人政権によって孤立した国際社会との協調を重視する姿勢を鮮明にした。

一貫して棄権

しかし、それから30年近くが経ち、「虹の国」はロシアによるウクライナ侵攻では国際的な連帯に背を向けているかのようだ。

侵攻開始直後の2022年3月2日、国連総会はロシアを非難しウクライナへの攻撃の即時停止を求める決議を採択したが、南アフリカは棄権した。国連総会は続く3月24日、市民の保護などウクライナでの人道状況の改善を求める決議を採択したが、南アフリカはこれも棄権した。キーウ近郊のブチャなどで多くの市民の遺体が見つかったことを受けて、4月7日、ロシアの国連人権理事会理事国としての資格を停止するよう求める決議が採択された時も棄権した。さらに、ロシアがウクライナの東部や南部の4つの州を一方的に併合するとしたことについて、国際法に違反し無効だと非難した決議が10月12日に採択された際も棄権した。つまり、南アフリカはロシアのウクライナへの軍事侵攻を受けて国連総会で採択されたロシア非難の決議について一貫して棄権しているのである。

それだけではない。より積極的にロシアを擁護するためと見られる行動までとっている。南アフリカは3月24日の国連総会の会合に先立ち、ウクライナなどが提出し最終的に採択された決議案に対抗する形で、ロシアを名指しで非難しない内容の決議案を提出した。23日に、安保理はロシアが提出していた似たような内容の決議案について採決したが、ロシアと中国だけが賛成し、ほかの13か国が揃《そろ》って棄権したため決議の採択に必要な9か国の賛成票を得られず否決されていた。それだけに同じような内容の決議案を南アフリカが国連総会にわざわざ提出したのは、ロシアに追従する動きとみなされた。

南アフリカ外務省は3月2日の声明で、「ウクライナでの紛争の激化や地域的および国際的な社会経済への影響について深く憂慮している」とする一方で、「決議は外交や対話それに調停につながる環境を作らない」と棄権した理由を説明した。その後も一貫して棄権している行動について話を聞こうと、２０２２年10月下旬、首都プレトリアにいる南アフリカ外務省の報道官に繰り返しインタビューを申し込んだ。報道官は最初は「ニューヨークにいる国連大使に直接話を聞いて欲しい」と返事してきたが、次は「日程が合わない」と答え、そのうち返事も来なくなった。

ロシアの「住民投票」を支持

こうした中でANCの青年同盟がウクライナ侵攻をめぐってロシアを支持する行動や発言をしていて、国内外で波紋が広がっていた。

かつてマンデラ氏が率いたANCは、1994年の民主化後の新生南アフリカでは、一貫して政権与党の座にある。そのANCの若手メンバーが参加する青年同盟は、2022年9月にロシアがウクライナの東部と南部の州で「住民投票」と称する活動を強行した際、ロシア政府から監視団として招待され、数人のメンバーが南部ヘルソン州などを訪れた。この行動は「ロシアの住民投票と称する活動や一方的な併合にお墨付きを与えるものだ」として、南アフリカ国内でも一部のメディアで批判が上がった。

南アフリカが国連総会のロシア非難決議案の採決で一貫して棄権し、ロシア寄りの姿勢を見せている理由として、かつてのアパルトヘイト時代にANCが当時のソビエトの支援を受けていたことがあると指摘されている。また南アフリカは2010年にロシア、インド、ブラジルに後から加わる形で、BRICS（新興5か国）のメンバーになり、BRICSのメンバー国との関係を重視しているからだとも指摘されている。

しかし南アフリカはほかのアフリカの国同様、若い世代が多い。その若い世代が参加するANC青年同盟のメンバーがウクライナで強行された「住民投票」の監視団として現地を訪問することに、アパルトヘイト時代のソビエトの支援に恩義を感じたからだというのは、世代的な整合性がない。また、BRICSとの外交関係が若い世代の行動を決定するほど普段の生活で意識されているものでもないだろう。

ANC青年同盟の議長は

ANC青年同盟の国際関係の責任者であるクレガニ・スコサナ議長にインタビューを申し込み、10月22日に首都プレトリアで対面した。

スコサナさん自身がANC青年同盟を代表して、9月の「住民投票」では「監視団」の活動に参加し、南アフリカに帰国したばかりだった。私も9月はウクライナで現地取材し、「住民投票」をめぐるウクライナ側の受け止めや反応を取材していた。ウクライナではロシアが強行した「住民投票」について、一方的な併合を前提にした茶番だと批判されていた。期せずして同じ時期にウクライナ国内のロシアの支配地域にいた人物がどのような話をするか、強い興味を持ってインタビューに臨んだ。

プレトリアの待ち合わせ場所で出会ったスコサナさんは30歳。アパルトヘイトの撤廃が進み、マンデラ氏が大統領に就任した2年前の1992年に生まれていて、アパルトヘイト時代の記憶はない世代だ。南アフリカの多くの人がそうであるように、気さくでフレンドリーな上、組織の幹部らしく大きな声で話す闊達な人柄が感じられた。しかしひとたびインタビューが始まると、ロシアのナラティブをなぞった答えが繰り返され、第一印象との大きなギャップを感じることとなった。

ＡＮＣ青年同盟で国際問題を担当するクレガニ・スコサナ議長は、ロシアが強行した「住民投票」の監視団に参加し、南アフリカ国内でも批判された。（画像提供：ＮＨＫ　2022年10月）

――なぜロシアが強行したウクライナの支配地域での「住民投票」と称する活動を支持するのか？

「ウクライナ東部のドンバス地域にはロシア語を話す少数者がいるが、ウクライナが『ナチス化』する中で標的にされ殺されている。ロシアはウクライナに侵略したのでもなければ乗っ取ろうとしたのでもない。抑圧された人々を守るために行なった」

――では、ロシア軍の攻撃でウクライナの民間人が犠牲となり、ウクライナの発電所などの民間施設が破壊されていることを容認するのか？

「ロシアは民間人を標的にしておらず、自制している。ロシアが攻撃しているのは軍事施設や発電所などの施設だ」

――発電所のような民間施設を攻撃することは戦争犯罪に該当するのではないか？

「ゼレンスキー政権だってドンバス地域の民間人を攻撃している。それにクリミア半島の民間インフラを攻撃した。あなたは次のことを理解すべきだ。南アフリカの反アパルトヘイト闘争でも発電所のような施設を攻撃した。アパルトヘイト政権に経済的な利益をもたらす戦略施設だったからだ。

それに、西側は制裁を戦争の兵器のように利用している。制裁は結局のところ、最も保護されるべき市民を痛めつけるものであり、ただちにやめるべきだ」

――アパルトヘイト時代、国際社会は連携して白人政権に制裁を科し、白人政権を締め上げたことを評価していないのか？

「政治体制を対象にした制裁は評価している。しかし、西側が現在ロシアに対して行なっている制裁は不公平でご都合主義であり、認めるわけにはいかない。ガザ地区を爆撃するイスラエルに対して制裁は科されていないし、アメリカがイラク戦争で行なったことについても制裁を科されていないではないか。

根本的な問題は西側がＮＡＴＯの拡大を目指していることだ。ウクライナの政権に兵器を供与しているが、それはロシアの安全保障と主権にとって直接的な脅威になっている」

――あなたの見解はＡＮＣ青年同盟の公式見解か、あるいは南アフリカの政権与党であるＡＮＣの公式見解なのか？

「ＡＮＣにはＡＮＣの立場があり、青年同盟には青年同盟の立場がある。しかし青年同盟の立場は南アフリカ政府のそれと変わるものではないと考えている」

インタビューの途中、スコサナさんは以前にロシアを訪れた際にプーチン大統領と面会し、その時に一緒に撮った写真を見せてくれた。

——プーチン大統領についてどのように思うか？

「プーチン大統領はロシア国民にとってヒーローであり、世界にとってヒーローだ。アメリカという乱暴者を押さえ込んでいて、世界で最も強大な人物だ。

ロシアが独裁国家であり、ロシアが侵略国家だというナラティブを額面通りには受け止めない。アメリカのCNNやイギリスのBBCを鵜呑みにしないからといって非難される覚えはない。欧米だって、当初はマンデラ氏のことをテロリスト呼ばわりしていたではないか」

——欧米への強い不信感を感じるが？

「フランス、ポルトガル、ベルギー、イギリスなどアフリカを植民地化した国々はそれについて謝罪すらしていない。そのような国々に指図される覚えはない。今でもアフリカに来て天然資源を好きなように持って行くが、アフリカからの移民の受け入れは拒否している。それならばアフリカ大陸から出て行って欲しい」

マリの首都バマコで会ったインフルエンサーのドリッサ・メメンタさんと同じように、欧米への憎しみがとめどなく噴き出ているという印象を受けた。その感情こそがウクライナ侵攻で欧米と対決する構図になっているロシアへの支持に転じているように感じられた点も同じだった。

持論を展開するスコサナさんだったが、それでも考え込んで受け身に回った時が一度だけあった。ANCの汚職について聞いた時だった。「欧米批判はたくさん聞いたが、ANCの長期政権の下で汚職がはびこり、国営の電力会社も電気が十分に供給できず計画停電が相次いでいる。そもそも国営の航空会社だって汚職が原因で機能不全に陥って経営破綻した。地元のメディアからは次の総選挙ではANCが初めて過半数割れするという予測も出ているが、どう受け止めているか?」と尋ねた。「国民がANCに失望しているのは事実だ」と急に神妙になった。欧米からの押しつけにノーは言えども、しかもそれは正当なことではあるのだが、内なる統治や発展において欧米のモデルを上回るような解決策を示せているわけでもない。その限界が露呈しているのもまた現実なのだ。

インタビューの中でスコサナさんは欧米メディアにも批判の矢を向けた。確かに侵攻開始当初から、一部の欧米の報道からは人種差別的、あるいは明らかに欧米の「上から目線」のような報じ方があり、批判が出ていたのは事実だ。

南アフリカ出身のコメディアンで、アメリカで政治や社会問題を風刺する硬派のトーク番組のホストとして活動するトレバー・ノア氏は、侵攻開始直後の自らの番組でそうした欧米メディアの報道ぶりの例をいくつか紹介した。中には白人女性の記者がウクライナについて「ここは第三世界の途上国ではない。ヨーロッパだ」と述べ、人道危機の深刻さを表現しようとしたものもあった。

また別のメディアでも、ウクライナから逃れる人たちについて「この人たちは豊かな中間層だ。北アフリカから逃れようとする人たちではなく、あなたの隣に暮らすヨーロッパの家族のような人たちだ」と表現し、あたかもヨーロッパ人の方が北アフリカの人よりも重要であるかのように伝えた。さらに、アメリカの大手ネットワークの白人男性記者がキーウからの中継リポートで、「ここは（何十年も紛争が続く）イラクでもなければ、アフガニスタンでもない。ここは比較的文明化されたヨーロッパのような国で、言葉を慎重に選びたいが、このようなことが起きるとは想定されていなかった都市だ」と伝えたものまであった（この記者は、翌日の中継リポートの中で自分の発言を謝罪した）。

ノア氏はこうした報道ぶりを紹介した上で「白人が戦火で自分の国から逃れると、褐色の肌の人種に比べてより悲劇的だと考えているような記者がここまでたくさんいるのかとショックを受けた」と批判した。確かにまるで白人の記者が白人の視聴者や読者だけに向けて報道しているかのような無神経さがいまだにあることには呆《あき》れるばかりだ。その白人記者たちもまた、欧米中心主義という変わりゆく世界の現実から乖離した自分たちのパラレル・ワールドに閉じこもっているのだろうか。しかし時代は変わった。そうした報道はそのパラレル・ワールドを飛び出してSNSを通して瞬時にグローバル・サウスにも伝わり、しかも若い世代ほどスマートフォンなどで接することになる。そしてそのような報道に接した人が不信感や反発を感じるのは容易に想像できることだ。

「若い世代ほど反欧米だ」

「アフリカでは若い世代ほど反欧米の傾向がある」

こう指摘したのは南アフリカの政治学者ウィリアム・グメデ氏だった。10月21日、ヨハネスブルクのウィットウォーターズランド大学の研究室でインタビューした。

――南アフリカの国連での行動をどう見るか？

「南アフリカは中立ではなく、むしろ中立という立場を通してロシアを間接的に支持している。理由としてはＡＮＣが旧ソビエトの支援を受けていたことや、南アフリカがＢＲＩＣＳのメンバーだということもある。

しかし国民感情もある。南アフリカやほかのアフリカの国々は西側によって植民地支配された。このため西側がある国と対立していれば、その相手国の方が犠牲者、被害者であるとみなして支援しなければいけないと考える。多くの人がウクライナ情勢について西側とロシアの代理戦争だとみなしている。誤った見方ではあるが、そうみなしている以上、『西側の相手側であるロシアを支援せねばならない』という結論になる」

南アフリカの著名な政治学者ウィリアム・グメデ氏は、若い人ほど反欧米感情が強く、それがロシアへの支持に転じていると分析。（画像提供：ＮＨＫ　2022年10月）

――ロシアの「デマ情報のキャンペーン」の影響もあるのか？

「アフリカでもスマートフォンが急速に普及し、若者たちがＳＮＳを積極的に活用するようになっていて、情報の流れ方が以前とは様変わりしている。そうした中でロシアはアフリカで、近年プロパガンダを活発化させている。この結果、南アフリカだけではなく、アフリカ全体で見ても、若い人ほど反欧米の傾向がある。

またここ数年は不公平な貿易ルールなどによって、アフリカと欧米との経済格差が縮まらないという批判が高まっていることも背景にある。さらに経済面でも大きな変化が起きている。アフリカにとって欧米はかつてのように重要な貿易相手ではなく、中国やインド、それにロシアのような新興国との貿易が増えている。ロシアはエネルギー開発でもアフリカに多くの投資をしている」

――先ほど、犠牲者、被害者という話があったが、ウクライナがロシアの軍事侵攻の犠牲者であり被害者であることは疑いの余地がないことではないのか？

「その通りだ。ウクライナで起きていることには心が痛む。しかも食料危機という形でアフリカも被害を受けている。さらに皮肉なことだが、食料や燃料価格の高騰で最も影響を受けるのはＡＮＣの支持層である貧困層だ。南アフリカは今こそ西側からの投資を必要としているはずだが、政府の外交姿勢は西側を遠ざけてしまう恐れがある」

——それにもかかわらず、なぜロシアを支持するのか？

「やはり感情の問題がある。反欧米の感情があまりにも強く、それに引きずられて自分たちの個人的な利益や国益に合致しない決定をしてしまっている。植民地支配やアパルトヘイトなどの歴史への怒りからロシアを支持しても、それは過去の現実に基づいた怒りから来る決定であり、現在の状況や現在の国益、さらには未来の国益にも合致していない」

アパルトヘイトが撤廃され、人種間の融和と和解のモデルになり、国際社会と協調して民主的でオープンな国造りを進めてきた南アフリカ。その「虹の国」までもが反欧米の感情で揺さぶられている。その感情が南アフリカに留まらずにグローバル・サウスで一部の人々の間で噴き出しているような現状。グローバル・ノースがそれにどう向き合うのか、ノースの行動や姿勢も問われているのは間違いない。

第11章　グローバル・サウスをめぐる外交

手を打っていたロシア

ロシアは着々と外交も進めていた。

アフリカの国連での発言力や人口の急増による存在感の高まりを見逃してはいなかったのだ。２０１９年10月、ロシアとアフリカの54か国の代表が一堂に会する初めての首脳級会合「ロシア・アフリカサミット」がロシア南部のソチで開催された。この際、経済をテーマにした会議でプーチン大統領は、「ロシアはアフリカに武器を１５０億ドル分輸出しているのに対して、農産物は２５０億ドル近くある。ここにも発展の可能性がある。今後4、5年で貿易量を最低2倍に増やすことができるはずだ」と呼びかけ、関係の強化を目指す姿勢をアピールした。

かつてのソビエトは、ヨーロッパによるアフリカの植民地支配からの独立運動を支援し、独立を果たしたアフリカの社会主義国を勢力圏に入れていた。すでに見たように、南アフリカではアパルトヘイトからの解放闘争も支援していた。しかし東西冷戦が終結してソビエトが崩壊すると、アフリカとの関係は疎遠になった。その間に中国が資源の輸入や中国製品の輸出を通してアフリカでの存在感を一気に高めていった。２０００年には中国がアフリカとの関係の強化を目指して、台湾と外交関係がある国を除くアフリカのほぼ全ての国との間で「中国アフリカ協力フォーラム」の会合を始め、2006年には初めて首脳級の会合に格上げした。

ソチでの会合は中国の動きには後れをとったものだったが、ロシアとして途絶えがちだったアフリカとの関係を再構築していくための布石と見られた。当時の差し迫った事情もあった。この時もウクライナ情勢が影響しているのだが、ロシアは2014年にウクライナ南部のクリミアを一方的に併合し、欧米からの経済制裁を科されており、国際的な孤立を避けるためにもアフリカに接近する必要があった。その再接近の足がかりとしてロシアが活用したのが軍事力だった。ロシアはアフリカ諸国に武器の供給や政府軍兵士の訓練などを請け負うことで関係を深め、アフリカ各国と次々に軍事協定を結んでいる。その数は2014年から2018年の間だけで、ブルキナファソや中央アフリカなどサハラ砂漠以南の19か国に上るという。

こうした文脈で「デマ情報のキャンペーン」も展開された。イギリスやフランスなどのヨーロッパの国々は植民地支配からの独立後もアフリカの多くの国に影響力を行使し続けていたため、それを追い落とすことを狙うように展開された。さらにロシアの民間軍事会社ワグネルのアフリカでの展開も進められた。スウェーデン国防研究所によると、ワグネルはリビア、中央アフリカ、コンゴ民主共和国、スーダン、モザンビークで活動してきた。そしてすでに見たように最近ではマリでの存在が取り沙汰されている。

ロシアへの「恩義」

2022年11月、アフリカの本音が現れた場面があった。南西アフリカのナミビアに駐在するロシアのニキーチン臨時代理大使が、ナミビアのガインゴブ大統領を表敬し、2023年に再び開かれる予定の「ロシア・アフリカサミット」へのプーチン大統領からの招待状を手渡した時だ。

この表敬訪問の様子を撮影した動画をナミビアの大統領府が公表したのだが、この中でニキーチン臨時代理大使は、「国連総会における、原則的でバランスがとれた責任あるナミビアの立場に感謝する」と述べて、国連総会でのロシアを非難する決議案採決で棄権を繰り返すナミビアに謝意を伝え、その上で「ご存じのようにナミビアは我々にとって古くてよい友人だ」と旧ソビエト時代の歴史を持ち出した。これに対しガインゴブ大統領は、「圧力はあったが、我々はロシアに感謝しているからこそ棄権したのだ」と述べ、決議案に賛成するよう欧米からの働きかけがあったことを示唆した上で、ロシアとの関係に配慮して棄権した、と話している様子が映し出されている。

ナミビアは大部分が砂漠に覆われた国土におよそ250万人が暮らす。第一次世界大戦まではドイツの植民地支配を受けていたが、第一次世界大戦中に隣の南アフリカの白人政権が軍事侵攻し、その後支配下に置かれた。そして南アフリカでのアパルトヘイトの体制と同じように、少数の白人が地元の大多数の黒人を支配し差別した。

これに対して地元の黒人たちがSWAPO（南西アフリカ人民機構）を結成し、独立闘争を始めた。SWAPOもANCと同じように、当時のソビエトから支援を受け、隣の社会主義国アンゴラを拠点にしながら白人支配者に対してゲリラ闘争を続け、1990年に独立を勝ち取った。それ以降、SWAPOは権力の座にある。80歳を超えるガインゴブ大統領もSWAPOの闘士だった。ソビエトの支援を受けた世代で、ロシアに対して恩義を感じているのは想像に難くない。

ナミビアでの欧米不信

加えて、折しもウクライナ侵攻の始まる前の年、ナミビアでは反欧米の感情が高まる動きが出ていた。2021年5月28日、ドイツの当時のマース外相が、ドイツによる植民地支配を受けていたナミビアであった虐殺について謝罪した。問題となったのは1904年から1908年にかけて、植民地支配に抗議して蜂起した現地のヘレロやナマの人たち数万人がドイツ軍によって殺害された歴史だ。マース外相はジェノサイドだったと認めた上で「ドイツの歴史的、道義的な責任を踏まえて、ナミビアと犠牲者の子孫に許しを請う」と述べ公式に謝罪した。100年以上経っての謝罪だった。

これについて、ドイツに謝罪を求めて交渉してきたナミビア政府からは、ドイツがようやく植民地支配の歴史に向き合ったと評価する声が出る一方で、国民の間からは「あまりにも遅すぎる謝罪だ」という批判が出た。ドイツは第二次世界大戦中のナチス・ドイツによるユダヤ人の大量虐殺については反省と謝罪を続けてきたものの、ナミビアでの虐殺についてはそれまで公式な謝罪を行なってこなかった。ナミビア側がドイツと交渉を始めることができたのは、南アフリカの支配から脱した後だったために時間がかかったとはいえ、ドイツが見せるユダヤ人への向き合い方とのあまりの違いについて、背景にはアフリカ軽視に加えてアフリカに対する人種差別もあるとして反発が噴き出たのだ。

さらに、ドイツが被害を受けた地域の開発のために拠出を表明した11億ユーロについても、あくまで犠牲者に計り知れない苦しみを与えたことを認める意思表示として行なわれるものであり、法的な賠償ではないという姿勢を示したことにも「責任逃れだ」との批判も出た。

2022年1月、その問題を取材しようと私はナミビアを訪れた。首都ウィントフークで四駆の車を借り上げて砂漠の道を4時間かけて運転し、大西洋に面した町スワコプムントに向かった。町の中心部にはドイツ風の建物や教会、ビアガーデンまであり、ドイツ統治時代の町並みが残っていた。

レストランに入り食事をとっていると、別のテーブルの高齢の白人男性が「中国人がいる」と言い出してきた。明らかに敵対的だった。「別に中国人と間違われることは問題ないが、『お国はどこから来たのか?』と質問もせずに、東洋人は全て中国人と決めつけるあなたの態度は失礼だ。南アフリカと同じようにナミビアで人種差別が横行していた時代、国際社会から孤立していたことを忘れているのではないか」と指摘して黙らせたが、到着早々の出来事に先が思いやられた。

そのスワコプムントの町はずれ、砂の大地には地元の大勢の人たちが眠る集団墓地があった。墓地と言っても、墓標が建てられているわけではなく、砂の上に等間隔に石が並べられているだけだ。1904年から始まった住民の蜂起はドイツ軍によって武力で鎮圧され、殺害された人々の遺体はこの砂漠に捨てられた。今も砂を掘れば骨が出てくるという。全ての犠牲者の名前や亡くなった日付を特定することは不可能で、等間隔に並べられた石は、その場に眠る大勢の人の存在を表したものだ。

その墓地で62歳のイルワ・ワァカさんと会った。当時の虐殺行為で犠牲となったヘレロ人の子孫の男性だ。祖父の祖父はドイツ軍に殺され、その妻は性的暴行をされたことを伝え聞いて育った。ワァカさんは、「祖先の妻はドイツ兵の使用人にされ、性行為も強要されたという。考えただけで辛い。私の肌の色を見れば分かるが、ドイツ人の血を引いているために褐色だ。このことが幼い頃から苦痛だった。白人からは黒人と言われ、黒人からは白人と言われる。自分がどこに属するのか分からず悲しい」と話した。

100年を超える歳月を経てようやくドイツが謝罪したことについて聞くと、ワァカさんは複雑な表情をした。そして「もちろん謝罪はないよりはあった方がいい。しかしあまりにも遅すぎた」と話した。

この町で働く心理カウンセラーのマルセラ・カシオバさんもヘレロ人の女性だ。過酷な過去が今も人々の心に影を落としているという。「当時、人々は自分の家族や愛する人、それに子どもたちがレイプされたり殺されたりするのを目の当たりにした。そのトラウマは世代を超えて語り継がれ、今の世代も自分の身に起きたように感じ人々を傷つけている」と指摘した。

カシオバさんも「ドイツの謝罪は前進だ」としながらも、ナミビアとドイツ両政府の交渉では、ヘレロやナマの人々の声が十分に反映されなかったとの批判が出ていることについて説明した。ナミビアは多民族社会で、政権与党のＳＷＡＰＯ内で主流となっているのは最大民族のオバンボ人だ。これに対してヘレロやナマの人たちは、虐殺によって今も少数民族のままとなっている。ドイツがナミビア政府に拠出を表明した11億ユーロにしても、ヘレロやナマの人々が多く暮らす地域には届かないのではないかとの懸念が広がっていて、そのことがＳＷＡＰＯ政権に加えてドイツへの不信感にもつながっているということだった。

「侵略には毅然《きぜん》と反対すべきだ」

ナミビア大学の政治学者、ヌデュンバ・カムワニヤ氏は、２０２２年12月のインタビューで、「ナミビアをはじめ、アフリカでの欧米に対する不信感は根深いものがある。欧米のやってきたこと、さらに欧米の今のやり方を見れば、そうした不信感を抱くのも無理はないが、この不信感が残念ながらナミビア政府の目を雲のように覆ってしまっていて、ロシアを支援する姿勢につながってしまっている」と分析した。

それに加えて実利的な理由もあるという。「ロシアの軍事侵攻以降、ナミビアでも燃料価格が高騰し、供給不足からウィントフークのガソリンスタンドでも一部でサービスが停止するなど影響が広がっている。こうした状況でロシアがナミビアに対して燃料の供給を提案したとも伝えられている。ナミビアの外交姿勢の背景には、歴史的なつながりを盲目的に重視しているということだけではなく、ロシアから石油などの支援を取りつけようという戦略もある」と分析した。

しかし、カムワニヤ氏は、こうした事情があろうとも、ナミビアなどアフリカの国々がウクライナに侵攻したロシア寄りの姿勢をとっていることは問題だと明確に批判した。「他国の領土を侵すことを認めてはならず、この点において中立的な立場は存在してはならない。この問題については平和や人権の原則に忠実に則って行動すべきだ」と話した。かつてドイツや南アフリカから武力で占領され蹂躙《じゅうりん》されただけに、本来ならばナミビアこそがロシアの侵略行為に対して毅然と反対すべきだと指摘したのだ。グローバル・サウスの国々ではウクライナ侵攻を受けて欧米と一線を画す傾向があるが、だからといって侵攻を止めるための解決策を示しているわけでもないことを踏まえた上での批判だった。

対抗を模索するアメリカ

アメリカはロシアによる外交攻勢への対抗を模索しているものの簡単ではない。それを象徴するような外交戦が2022年7月から8月にかけて、アフリカの東部ウガンダで展開された。

ウガンダでは1986年以降、ムセベニ大統領の長期政権が続いている。もともと大統領任期は2期までとされていたが、その規定が廃止されたほか、大統領の年齢制限も撤廃され、40年近い長期政権を続けている。かつてはイギリスの植民地支配を受け、英語が広く話されていて西側との関係が深い国と見られていた。しかし国連総会でのロシアを非難する決議案では、南アフリカやナミビアと同じように棄権を繰り返し、ロシア寄りの姿勢を続けている。

2022年7月24日から27日にかけて、ロシアのラブロフ外相がエジプト、コンゴ共和国、ウガンダ、エチオピアのアフリカ4か国を訪問し、ムセベニ大統領とも会談した。26

日、会談後の記者会見でラブロフ外相は、「ウクライナ情勢をめぐるウガンダのバランスのとれた立場に感謝する」と発言し、国連総会での棄権をロシアとして評価していることを強調した。この記者会見でムセベニ大統領は、「ロシアを非難するよう求める人もいるが、ロシアとは長年ともにある」と応じ、ラブロフ外相の訪問を歓迎。さらにラブロフ外相は「ロシアはアフリカに石油を提供する用意がある」と述べたということで、ウガンダの地元紙は「ロシアがウガンダに石油外交をしかけた」と伝えた。

これを追いかけるように、翌週の8月4日、今度はアメリカのトーマスグリーンフィールド国連大使がウガンダを訪れ、ムセベニ大統領と会談した。ラブロフ外相との会談からわずか9日後だ。ウガンダに滞在中、トーマスグリーンフィールド国連大使は記者会見で「食料価格の高騰の原因はロシアの軍事侵攻にある。ウガンダに対して食料危機などに対応するため2000万ドルの援助を行なう方針だ」と発表した。ロシアが「アフリカの食料危機は西側の制裁のせいだ」とするナラティブを広める中で、それに対抗した形だ。その上で「ロシアとの石油の貿易はアメリカが科している制裁破りとなる可能性がある」と述べ、ウガンダがロシアの石油を受け入れることに釘《くぎ》を刺した。

しかしウガンダ側の対応は冷淡だった。トーマスグリーンフィールド国連大使との会談について、ムセベニ大統領はツイッターに「ウクライナとロシアの戦争がもたらした経済的な困難についてよい議論ができた」としたものの、「アメリカに訴えたいのは、真にアフリカを助けたいのならば、我々が当事者でない戦争に関する制裁に巻き込まないで欲しいということだ」と、制裁を示唆したアメリカへの不快感を示した。

ウガンダのジェジェ・オドンゴ外相は「米露のどちらかに与するつもりはないし、与していると見られたくもない」と言い切った。（画像提供：ＮＨＫ　2022年８月）

どちらにも与《くみ》しない

米露からの外交攻勢があった後の8月16日、ウガンダのジェジェ・オドンゴ外相が首都カンパラの外務省でインタビューに答えた。

――国連総会でウガンダが棄権したことが注目を集めたが、その理由は端的に言ってどのようなものか？

「まず強調したいのは、ウガンダは紛争も侵略も支持しておらず、対立は平和的に解決されるべきだと考えていることだ。その上でウガンダは非同盟運動のメンバー国であり、2023年には議長国も務める。このため我が国は紛争当事者を孤立させるのではなく関与し対話する責任があると考えている。ウガンダがどちらかの側につくことを期待するのは誤りだ」

——とはいえ、非同盟運動の重要な原則は国の領土の一体性と主権の尊重ではないのか？ロシアがほかの主権国家の領土に攻め入っていることについて、非同盟諸国ならばなおのこと先頭に立って非難すべきではないのか？

「繰り返すがウガンダは侵略を支持しない。また紛争がもたらしている人的、物的な被害には衝撃を受けている。ただ、この紛争の原因をきちんと理解し、なぜロシアがこのような行動に出ているのかを理解することも重要だ」

——そのロシアだが、ラブロフ外相の訪問時の説明は満足がいくものだったか？

「ラブロフ外相の訪問は両国の長年の関係に基づくものだ。ソビエト時代から、ウガンダを含むアフリカの反植民地闘争を支援してもらっている。訪問時、ロシアからはこの紛争をめぐる立場の説明を受けた」

――その説明は満足のいくものだったのか？

「満足のいくものだったかというよりは、紛争をより理解することの方が重要だと考える」

――一方で、アメリカのトーマスグリーンフィールド国連大使の訪問時の説明は満足のいくものだったか？

「あなたの質問は『こちらを支持する』、あるいは『あちらを支持する』という答えを引き出そうとしているように思うが、ウガンダはそれに関知しない。我々が腐心しているのはロシアを支持しないことであり、アメリカを支持しないことだ。つまり、特定の誰かを支持しないようにすることだ。我々は我々の利益に基づいて誰とでも関係を持ちたいのだ。もちろんアメリカとも長年の協力関係があり、国連大使とは食料危機などをめぐって協議を行なった」


ロシア、アメリカのどちらの側にも与することはないという主張だった。ロシアのウクライナ侵攻という事態を受けて、冷徹に国益を考えながら行動することを押し通そうというグローバル・サウスの国々で見られる姿勢が端的に表れたと受け止めた。

「倫理の問題ではない」

そのウガンダの国益について、地元マケレレ大学政治行政学部のカサイジャ・アプーリ教授が明快に説明してくれた。インタビューで、アプーリ教授は、「ウガンダはロシアから多くの武器を購入している。端的にいって西側の武器よりもロシア製のものは価格が安く、ウガンダにとっては魅力がある。またウガンダでは電力の供給を増やすために原子力発電をめぐる計画を立ち上げているが、ロシアだけが協力を申し出ている」と、ロシアからの軍事や原発開発をめぐる支援があることを指摘した。

その上で「国連総会で棄権したことは確かに倫理的に問題ではある。政府の当局者もそれは理解しているはずだ。しかし、侵攻に反対するという毅然とした立場をとったとしても、それがウガンダの国民の食卓に食べ物を運んでくるわけではない。一方で、毅然とした立場をとらなかったとしても倫理以外に特段何かを失うわけでもない。国際政治は現実的なものであり、現実主義に則れば、国益を最大化する立場をとるまでだと政府は割り切って判断したのだろう」と分析した。

G20（主要20か国）の首脳会議がバリ島で開かれた。ウクライナ侵攻が始まってから初めての首脳会議で、議長国インドネシアの外交手腕が注目された。（写真提供：ユニフォトプレス）

大国の間で主体的に行動する

２０２２年11月、アジアのグローバル・サウスの動向が特に注目を集めた。Ｇ20（主要20か国）は１年ごとに持ち回りで議長国を務めるのだが、この年の議長国はインドネシアで、バリ島で首脳会議が開催されたからだ。

Ｇ20はリーマンショックをきっかけに起きた金融危機に対応するために２００８年11月に最初の首脳会議がワシントンで開かれた。メンバーはＧ７（主要７か国）、ＥＵ、オーストラリアや韓国のほか、グローバル・サウスとされる東南アジアのインドネシア、中東のサウジアラビア、トルコ、南米のアルゼンチン、ブラジル、メキシコ、アフリカからは南アフリカが参加している。中国、インド、そしてロシアもメンバーだ。合わせて世界人口のおよそ3分の2、世界GDPのおよそ85%を占める国々である。

バリ島での首脳会議は、ウクライナ侵攻が始まって最初に開かれるものとなり、西側とロシアが鋭く対立する中で開かれた。ロシアはプーチン大統領が欠席し、代わりにラブロフ外相が参加した。オンラインで演説したウクライナのゼレンスキー大統領は「ロシアの軍事侵攻は国連憲章と国際法をもとに正義をもって終わらなければならない」と演説、その際「親愛なるG19の皆様」と呼びかけて、ロシアをG20のメンバーとみなさずに無視する姿勢をとった。こうした中で首脳会議をどうまとめ上げるのか、議長国インドネシアの外交手腕が試されることとなった。

インドネシアのジョコ大統領の演説はグローバル・サウスの立ち位置がよく表れたものだった。「我々は相次ぐ危機に直面している。新型コロナウイルスの危機は終わっておらず、対立は深まり続け、戦争が起こる。食料、エネルギー、財政の危機は特に途上国で深刻化している」として、ウクライナの軍事侵攻で問われている領土の一体性をめぐる国際法の原則論や、欧米の一部が重視する民主主義対専制主義をめぐる議論よりは、国民生活に直結する実利的な課題を挙げた。その上で「我々は世界を分断すべきではなく、再び冷戦に陥るのを許してはならない」として西側とロシアの対立から距離をとる姿勢を示し、大国の狭間《はざま》で主体的に行動する意志を示した。

首脳会議では最終的に共同文書を「バリ宣言」という形でまとめることに成功した。その文言は「3月2日の国連総会決議でロシアによるウクライナ侵攻を最も強い言葉で遺憾とし、ロシアのウクライナ領土からの完全かつ無条件での撤退を要求している」という国連総会の決議を踏まえ、その上で「ほとんどのG20メンバーはウクライナにおける戦争を強く非難している」とした。「ほとんどの」という文言がどのメンバー国も納得させるためのぎりぎりの表現だったと見られた。当初は絶対に無理だろうという共同文書をまとめ上げたことで、インドネシアの外交力が高く評価され、同時にグローバル・サウスが西側ともロシアとも一線を画しながら自分たちの独自性や自立性をアピールできたと受け止められた。

ワシントンでのアフリカサミット

バリ島でのG20首脳会議の翌月、今度はアメリカの首都ワシントンに注目が集まった。12月13日から3日間の日程で、アメリカ政府が主催するアフリカ諸国の代表を一堂に招いた「アメリカ・アフリカサミット」が開催され、アフリカのおよそ50か国の首脳らがワシントンに集まったのだ。

アメリカは首脳級の会合に先立つ2022年8月に、サハラ砂漠以南のアフリカをめぐる新たな外交戦略を発表した。この戦略ではアフリカの人口の増加や国際政治での発言力を重視するとしたほか、中国やロシアへの対抗姿勢も鮮明にした。中国については「ルールに基づいた国際秩序に挑戦するためにこの地域（アフリカ）を重視し、地政学的な利益の拡大やアメリカとアフリカの関係の弱体化を図っている」とし、ロシアについては「安全保障や経済的な結びつきを利用し、ウクライナ侵攻に対するアフリカの反対の声を弱体化させている」と批判した。ブリンケン国務長官は、この外交戦略の発表に合わせて、8月に南アフリカとコンゴ民主共和国、それにルワンダの3か国を訪問して各国に説明し、ワシントンでのサミットに向けた地ならしもしていた。

そのサミットが始まり、バイデン大統領は演説で予想されていたようにロシアを名指しで非難した。「新型コロナウイルスのパンデミックと、それに続くロシアによるウクライナへの不当な侵攻は国際経済を混乱に陥れ、過去20年の開発の成果を台無しにしている」と述べた上で、今後3年間でアフリカ各国に対して550億ドルの支援を行なうほか、A

UのG20メンバー入りを支持する考えを示した。EUは機関として加盟しているのだから、AUが加盟することも可能だとアフリカに配慮した提案だった。また民主党の大統領らしく、人権や民主主義を重視する姿勢を見せ「民主主義の後退に対抗していくためにも投資する」と述べて、選挙や憲法の改正などに資金援助することを表明した。

しかし、こうしたアメリカの外交的な巻き返しが効果を出すかは未知数だ。アメリカとアフリカ各国のサミットは、オバマ政権時代の2014年に初めて開催されてから8年ぶりだった。その間の共和党トランプ大統領の時代は一度も開催されず、それどころかトランプ大統領はアフリカのことをきわめて無礼な表現を使って侮辱したと伝えられたこともあった。私はヨハネスブルクからワシントンに行ってサミットを取材したが、アメリカの記者からは「サミットを8年ぶりに開催しただけで、アフリカの信頼を得られると考えるのは甘いのではないか」という声が出ていた。

ウクライナへの軍事侵攻を受けて、ロシアとアメリカの外交的な動きが活発化し、グローバル・サウスをめぐる綱引きも激しさを増している。どちらの影響力が高まるのか、その答えはまだ見えない。ただグローバル・サウスがどちらにも与しないと考え始めていることははっきりしている。これもまた多極化が進む新しい世界での新しい現実だ。

第12章　より偉大な何かを求めて

分断された世界で

ウクライナ侵攻によって、「東西」だけでなくグローバル・サウスとグローバル・ノースという「南北」にも分断された世界の姿が改めて鮮明になっている。その分断ゆえに、侵略戦争や核の脅しというロシアの暴挙を前にしても、世界は団結して対応できず迷走し続けている。

背景にはグローバル・サウスの、西側からもロシアからも一定の距離をとりながら自立的に国益を追求したい立場がある。また、その根底には欧米への不信感も横たわっている。しかし考えてみれば当たり前のことだ。アジア、中東、中南米、アフリカ、そのどこもヨーロッパの植民地支配、あるいは東西冷戦時代の米ソの介入から無縁だった地域はない。特にアフリカの一部の国での欧米不信は深刻だ。その感情から現状認識をめぐるパラレル・ワールドが一部で生まれているのはすでに見てきた通りだ。しかしその憎しみや分断を乗り越えていくための道筋を示す力強いメッセージが発せられたのもアフリカからだった。それも、国際政治の分断の縮図となり、機能不全が露になっている国連の安全保障理事会の会議場が発信の場となった。

安保理での非難の応酬

軍事侵攻が始まる3日前の2022年2月21日、ロシアのプーチン大統領は国民向けにテレビ演説を行ない、ウクライナ東部のドンバス地域の親ロシア派が事実上支配している地域について、独立国家として一方的に承認する大統領令に署名した。

これによって軍事侵攻がいよいよ現実味を増し、事態は重大な局面を迎えた。それを受けてウクライナは安保理の緊急会合を要請、午後9時という異例の夜間の開催となった。会合では国連で政治問題を担当するディカルロ事務次長が「ロシアがウクライナのドネツク州とルハンシク州の一部の地域について独立を承認したことは、ウクライナの領土の一体性と主権の侵害であり、国連憲章の原則に合致せずきわめて遺憾だ。さらに平和維持の名目でロシア軍の部隊をウクライナ東部に派遣するという命令が出されたことも遺憾だ。これからの数時間、あるいは数日間は死活的な重大なものとなる。大規模な紛争が起きるリスクは現実のものとなっていて、何があっても防ぐ必要がある」と強い危機感を示した。

これを受けて、アメリカのトーマスグリーンフィールド国連大使が、プーチン大統領の決定はウクライナへの侵攻を進めるための「口実だ」として、「我々の決意が試されている」と述べ、強い対応をとると批判した。これに対して、ロシアのネベンジャ国連大使は、「感情的な発言や根拠のない決めつけが行なわれた。常識を取り戻し、感情を抑えて、事態を深刻化させるべきではない」と一蹴した上で、「ロシア軍は平和維持の機能を担う」と述べ、一方的な独立承認を正当化した。

会合ではほかの理事国の代表からの発言も順次行なわれ、安保理は非難の応酬の場となった。

アフリカからの侵略批判

そうした中でアフリカからのメッセージが議場に響いた。

ケニアの順番になり、マーティン・キマニ国連大使がゆっくりと話し始めた。

「ウクライナで大規模な紛争が起きる瀬戸際にある中、我々は今夜こうして集まっている。我々が求めてきた外交的な解決は失敗しようとしている。

ウクライナの領土の一体性と主権は侵害されようとしている。国連憲章は強大な国の執《しつ》拗《よう》な攻勢にあって、弱体化させられている。

ケニアは外交による解決にチャンスを与えようと求めた。しかし我々の訴えは聞き入れら

ケニアのキマニ国連大使は、ロシアの侵攻を批判した上で、民族、宗教などにとらわれずに多様な人々が共存することの重要性を訴えた。（写真提供：ユニフォトプレス）

れなかった。さらに国際的な対立は平和的に解決するという国連憲章の要請は深く傷つけられた。

ケニアはロシアによるウクライナ東部の一部地域の独立を承認するとした一方的な発表について深く憂慮している。我々は、これはウクライナの領土の一体性を侵害していると考える。これらの地域で、安全保障上の深刻な懸念があるのかもしれない。しかしこれが独立を承認することを正当化しない」

キマニ国連大使は、このように国連憲章の原則から論理的に解きほぐして、ロシアの行動を批判したのだ。

その一方で、アメリカなど西側の姿勢も

冷静に批判した。

「過去数十年以来、この安保理の理事国を含む強大な国々によって、国際法が踏みにじられてきた傾向を強く非難する。

多国間主義は今夜、死の床に伏している。多国間主義は過去にも（ロシア以外の）ほかの強大な国によって打撃を受けたように、今日も攻撃されている」

名指しはしなかったものの、これは2003年にアメリカが安保理の承認を得ることなく、イギリスとともにイラク戦争に乗り出したことを念頭に置いた発言なのは明らかだった。ロシアの軍事介入を非難するのと同じように、アメリカが行なってきた一方的な軍事介入も非難する姿勢だ。

そしてアメリカがイラク戦争で見せた単独行動主義が、結局はイラクをはじめ中東で混乱を広げたことを踏まえて、多国間主義に基づく国際協調の重要性を指摘した。


「危険なノスタルジア」

また、キマニ国連大使は、アフリカが植民地支配に蹂躙されてきた歴史を踏まえながらロシアがもくろむ侵攻の不当さを訴えた。

「ケニア、そしてアフリカの大部分の国は、植民地帝国の終焉によって生まれた。我々の国境線は我々が引いたものではなかった。ロンドン、パリ、リスボンといった遠くにある植民地支配者たちの首都で決められたものであり、彼らはもともとあったアフリカの国々の状況を無視してアフリカを分割した。

この結果、今日のアフリカの全ての国では、歴史や文化、言語でつながりがある人々が国境をまたいで暮らしている。独立に際し、単一の民族や人種、宗教に基づく国家を追求することを選んだのならば、数十年経ってもいまだに血にまみれた戦争を続けていることになっただろう。その代わりに、我々は植民地支配の境界線をそのまま国境として引き継ぐことで納得した。危険なノスタルジアに浸って過去の歴史に固執した国を作り出そうというのではない」

国境をまたいで同じ民族が暮らしていることはアフリカでは一般的なことであり、その統合を武力で追い求めることは「危険なノスタルジア」に浸った行為だと指摘した。そして、次のように問いかけた上で、その「危険なノスタルジア」に陥ってはならないと呼びかけた。

「植民地帝国の崩壊や撤退によって生まれた国では、多くの人が近隣の国にいる同胞と一緒になりたいと統合を望んでいる。これは当たり前のことであり理解できる。同胞と一緒になり、ともに生きたいと願わない人がいるだろうか。

しかしケニアはそうした願望を武力で達成しようとすることを拒否する。死に絶えた植民地帝国の残り火からの完全な回復は、我々を新たな支配や抑圧に連れ戻さない形でなされなければならない。我々は人種、民族、宗教、文化などに基づく領土の回復主義も拡張主義も拒否してきたし、今日それを再び拒否する」

奴隷貿易に始まり、植民地支配を受け、そして独立後も含め、何世紀にもわたって西洋の支配に蹂躙されてきたアフリカの苦しみと、その負の歴史を背負いながらも前進していくしかないアフリカの決意を訴えることで、ロシアがウクライナに暮らすロシア系住民の保護や統合という名目で軍事侵攻に乗り出そうという動きがいかに時代錯誤で身勝手なことであるかを浮かび上がらせた。

そうして前進していくアフリカは何を目指すのか。キマニ大使は発言の中で「偉大さ」、「偉大な何か」という表現を用いた。

危険なノスタルジアに浸った国造りをするのではなく、「我々は前を向き、多くの国や人々がいまだ知らない偉大さ（greatness）を目指すことを選んだ。我々がOAU（アフリカ統一機構）と国連憲章のルールに従うのは、何も国境線に満足したからではない。平和の中で達成される、より偉大な何か（something greater）を求めたからだ」

国境線や同じ言語を話す集団や民族の統合よりも大きなものを目指すべきだというのだ。

「より偉大な何か」を求めて

キマニ国連大使の発言は大きく注目され、世界のメディアでも取り上げられた。

演説で訴えた「より偉大な何か」とは、アフリカの国々ではヨーロッパの植民地支配者によって恣意的な境界線が引かれた結果、さまざまな民族や宗教を国内に内包しているが、多様な人々が対立するのではなく、平和的に共存しながら社会や経済の発展を進めていくことを指しているのだと理解できる。これはアフリカのみならず、西洋の植民地支配を受けていたグローバル・サウスの多くの国々にとって広く共通する課題だ。

と同時に、それは民族国家を形成しながら発展することができた欧米や日本のようなグローバル・ノースの国々にとっても向き合うことが問われている重要な課題に、ますますなっているのではないだろうか。

グローバル・ノースの多くの国々は長年、主要な言語、民族、文化を軸にすることができた。欧米の植民地主義の脅威にさらされながらも国土を守り、統一した近代国家を形成できた日本もしかりだ。その日本にしてもアジアの近隣諸国への植民地支配に乗り出した。このような発展ができた国は世界全体では少数派だ。しかし、言うまでもなく民族国家の形成の過程でも、実際にはさまざまな人や言語は存在した。その上、国際交流が進み、さまざまな国籍や文化の人が行き交い、さらに移民や難民も受け入れる中で、必然的に言語や宗教などでこれまでとは異質なものを多く内包するようになる。

経済のグローバル化が進み、その恩恵を受ける者と受けない者の経済格差が広がり、欧米で排外的なポピュリズムが広がる中、どれだけ多様な人々と共存しながら、より活力のある社会や経済を作っていけるかは、むしろグローバル・ノースこそが問われていることだ。

新しい世界の国際連帯

そして、キマニ国連大使の言う「より偉大な何か」を目指すという目標に向かうことによって、グローバル・ノースとグローバル・サウスの新たな関係の可能性も見えてくると思える。

翻ってみれば、15世紀から17世紀にかけての大航海時代に、世界は「一体化」が進んだ。しかし、それはヨーロッパによる地域の破壊と犠牲をもたらした。スペインは南米で抵抗を続ける先住民を殺し、脅しながらプランテーションや鉱山で酷使し、ヨーロッパがもたらした伝染病によって先住民の人口は激減した。ベルギーの国王はアフリカの広大なコンゴを私有地とし、そこでは抵抗する地元の人の手や足を切断する残虐な行為が繰り返された。イギリスは中東での工作でアラブ人とユダヤ人に相反する約束をして、今のパレスチナ問題の原因を生み出した。フランスは1962年までアルジェリアを植民地支配し、独立運動を弾圧する中で残酷な拷問を繰り返した。人権も民主主義も平等もヨーロッパの本国だけで尊重された概念だった。

そうしたヨーロッパの非人道的な行為を正当化するために、わざわざ「科学的」な装いまでほどこして白人人種が有色人種より優れているという白人至上主義のイデオロギーを編み出した。ドイツはナミビアで行なった虐殺で殺害した地元住民の頭蓋骨を持ち帰り、白人が優れていることを証明するための「研究」に利用した。そうした頭蓋骨は数百個に上ると見られるものの、ドイツが頭蓋骨の返還を始めたのは実に2011年になってからだ。ゆがんだ白人至上主義の下で白人は世界を「文明化している」と言い張り、アジア、アフリカ、中東、中南米などの植民地支配を正当化した。

しかも第二次世界大戦が終わり、血みどろの戦争を経て独立を勝ち取ったものの、グローバル・サウスは今度は「経済的な植民地主義」に直面することとなった。先進国によって資源や労働力が収奪される発展途上国という従属的な関係に置かれたまま「南北問題」が深刻化した。そこに東西冷戦も加わって米ソの政治的軍事的な介入が相次ぎ、翻弄されることになった。そしてその東西冷戦がようやく終わったと思ったら、「グローバル資本主義」の波が押し寄せ、より直接的に資本の論理にさらされるようになった。豊かな文化や言語などがありながら、先進国のような「中心部」から客体化される「周辺部」とみなされた。気候変動をとってみても、「中心部」が大量に排出してきた温室効果ガスがもたらす実害は、ほとんど排出してこなかったにもかかわらず「周辺部」に押しつけられている。

しかしそのような時代はいよいよ終わりを迎えつつあるのではないか。ウクライナ侵攻への国際社会の対応は、欧米が軍事力はもとより、政治力や経済力で国際社会を主導し、時には屈服させることが、もはやできなくなっている現実を浮き彫りにしている。グローバル・サウスの多くの国々が大国間の対立ではどちらにも与せず、自らの国益を追求する立ち位置を鮮明にしているさまは、グローバル・ノースがもたらした「南北」や「東西」の分断にノーをつきつけているのだとも言える。

我々は今、歴史の転換点の大きなうねりにいるのかもしれない。500年に及んだ西洋による支配が終わりを告げつつあり、目の前には多極化する新しい世界が出現している。この新しい世界ではグローバル・ノースであってもグローバル・サウスであっても、どれだけ「より偉大な何か」を目指していけるかが問われている。そもそも世界の構図が急速に変わる中、ノースやサウスという区別すらますます曖昧になってきている。またノースの独善に対するサウスからの批判は確かに正当なものではあるが、サウスにも実利追求を優先する偽善があることも指摘しておかねばならないだろう。困難ではあるが、考えようによっては国際社会全体が新しい共通の課題に挑戦できる時代になってきたともいえる。その挑戦において、ロシアによるウクライナ侵攻を新たな国際連帯で解決できるかどうかは、重要な試金石になっている。

第13章　真っ暗な首都で

初雪のキーウ

冬が訪れた。

2022年11月17日、キーウに初雪が降り、およそ1000年前に建てられた聖ソフィア大聖堂の黄金のドームをはじめ、旧市街の石畳も白い雪に覆われた。最高気温は氷点下にまで下がった。しんしんと雪が降り、町は静まりかえったようだった。

しかしその静寂はすぐに破られた。防空サイレンが鳴り響き、スマートフォンのアプリからもいつものようにアラームがけたたましく鳴った。ロシア軍は10月中旬以降、一度に大量のミサイルやイラン製の無人機を断続的に撃ち込む形での攻撃を強めた。11月15日にいたっては一度に90発以上が全土に撃ち込まれ、それまでの中でも最大規模の攻撃となった。攻撃は各地の発電所に執拗に向けられた。そのたびに電力供給が途絶え、各地で停電が頻繁に起きた。復旧の修理をしても再び攻撃され、電気が戻っては途切れることが繰り返された。

首都がこんなに暗くなるものかと思った。

11月6日の段階で、ウクライナ当局は全土で電力インフラの40%が被害を受け、キーウ州を中心に450万人以上が電気を使えない状況になったことを明らかにした。それが17日になると、停電の影響を受ける人は1000万人以上に増えた。キーウでも地区ごとに計画停電が導入され、夜道を歩くと向こうから来る人とぶつかりそうになり、お互い慌てるようなことになった。真っ暗な夜の町では、人々が照らすスマートフォンのライトと車のヘッドランプの光だけが見えるような状況になった。そうした中で一部の商店は発電機を使って営業を続け、町中いたるところでエンジンのような発電機の音が響いた。

市民生活はさまざまな影響を受けた。市当局は節電のため路面電車の運行本数を減らしたほか、電気で動くトロリーバスについては通常のバスに切り替えた。

家庭の暮らしへの影響を取材するためにアパートを訪れる時、エレベーターに乗ろうとしても動いておらず、歩いて階段を上った。ある家庭では、ろうそくの明かりを頼りに夕食を食べていた。その家では突然の停電で調理器具が止まることがあるため、サンドイッチなど火を使わない料理で済ますようにしていた。

停電の影響によって市内各地で断水も起きた。公園の一角にある給水所では持参した容器に水を汲《く》んで持ち帰る人の姿も見られた。我々が拠点として滞在しているドニプロ川西岸にあるホテルでも断水し、洗面台やシャワーの蛇口をひねっても水は出なくなった。断水は翌日には解消したが、大きなバケツを二つ購入して、トイレを流すための水を常に蓄えるようになった。

焼けた集合住宅

11月15日の攻撃では、キーウ中心部の集合住宅にも大きな被害が出た。6日後の21日に現場を訪ねると、集合住宅の3階部分の壁には数メートルの穴があき、あたりは焼け焦げていた。そこにミサイルが撃ち込まれたのは形から明らかだった。

管理人の女性が3階にあるその部屋の中を案内してくれた。室内は真っ黒に焼けていて、焦げたにおいが充満していた。管理人によると、室内に飛び込んできたミサイルが爆発して燃え広がり、その部屋に一人で暮らしていた75歳の女性が亡くなった。管理人は「彼女は室内で横たわって亡くなっているのが見つかった。自分と同じ年齢で、よく立ち話をした。みんな悲しんでいる」と話して下を向いた。また、一つ下の階に暮らす41歳の女性は、「音が聞こえ、大きな火の玉のようなものが飛んでくるのが見えた。その後、爆発して建物が揺れた。恐ろしかった」とミサイルが飛来し激突した当時の状況を証言した。この女性の台所の窓にもいくつかの破片があたり、一部が壊れたほか、炎で焼けた痕が残っていた。

現場は首都の中心部にある閑静な住宅街で、住民たちは近くに軍事施設もない場所で犠牲者が出たことを悲しむとともにロシア軍に対する憤りを露にしていた。人々の怒りは当然だ。部屋で寝ていたら、突然壁の向こうからミサイルが飛び込んできて爆発するようなことを想像しながら生活する人はいない。

新たな反転攻勢

こうした中で再び戦況が動いた。

ウクライナのゼレンスキー大統領は11月14日、南部ヘルソン州の州都ヘルソンに入り奪還に成功したと発表した。奪還に向けた軍事作戦は戦況が膠着していた7月にはすでに水面下で始まっていた。当局は残っている住民に対し市外に避難するよう呼びかけた上でウクライナ軍が攻勢を強め始めた。それからおよそ4か月かかり、少しずつ包囲網を縮めていたウクライナ軍がヘルソン市内に入った。ロシア兵は敗走し、ドニプロ川の対岸まで撤退した。ヘルソンはロシア軍が侵攻を始めて最初に制圧した州都だっただけに、その奪還は大きな成果とされた。

ゼレンスキー大統領による奪還成功発表翌日の11月15日、現場に向かうためキーウを飛び出て、まずは6時間かけて南部の港湾都市オデーサに入った。9月に東部ハルキウ州のイジュームに向かった時、最初に立ち寄ったハルキウの町が真っ暗だったのと同じようにオデーサも真っ暗だった。しかしハルキウがロシア軍からの攻撃を警戒してあえて消灯されていたのと違い、オデーサは発電所へのミサイル攻撃によって停電していたために暗かった。「黒海の真珠」と呼ばれるオデーサの美しい建築や町並みは車のヘッドライトに照らされた範囲でぼんやりとしか見えなかった。停電に伴い携帯電話やインターネットはほとんど通じなくなっていた。ホテルの前の真っ暗な路上で、衛星電話や衛星でインターネットを使う装置が作動するかどうかを確認した。外の世界とつながる唯一の方法だ。翌16日、朝5時に夜間外出禁止令が解除されると同時に出発し、2時間かけてミコライウに行き、ウクライナ当局の案内でほかのメディアとともにバスに乗り込む。さらに2時間かけてヘルソンに向かった。沿道には戦闘で破壊されたガソリンスタンドや住宅が続き、破壊されたロシア軍の軍用車両が何台も放置されていた。

ヘルソンの町中に入ると真っ先に目に飛び込んできたのが、数日前までロシアの占領下にあったことを示す看板の数々だった。大きな看板には「ヘルソンはロシアの町だ」、「へルソンは永遠にロシアと一緒だ」といったスローガンがロシア語で記されていた。「投票日は9月23日から27日」と、ロシア側が強行した「住民投票」と称する活動への参加を呼びかける看板もあった。ただ、どの看板も文字や写真の一部が剝がされていた。ヘルソンの解放後、住民たちははしごで上がって、こうしたスローガンを次々に剝がし始めたのだ。

「自由の空気が吸える」

58歳のルドミラ・ボノロバさんはロシアの支配下での生活について「町を歩くときはロシア兵と目を合わせないようにしていた。それでも携帯電話の中を見られたり、捜索だと言って家のガレージの一部が壊されたりした。刑務所の近くに住む人からは、刑務所の中では拷問が行なわれていて苦しむ人の叫び声が聞こえてくるという話も聞き、恐ろしかった」と話した。その上で「ロシア兵が出て行ってとにかくうれしい。自由の空気が吸えるようになった」と話して、笑顔で大きく息を吸った。「自由な空気」という表現が印象に残った。

町は解放の喜びであふれていた。中心部の広場では数千人の市民が集まり、ウクライナの国旗を手に持ったり、体に巻いたりしていた。次から次に声をかけられ、一緒に写真を撮ろうと言われた。外国人が訪れていることは解放された証に見えるからだろう。どこから来たのかと聞かれ、「日本からだ」と答えると、握手を求められ「日本は自由で豊かなすばらしい国だ」と言われた。遠い異国で自分の国が褒められたことで素直にうれしくなったが、と同時に日本が多くの課題を抱えていて苦しい境遇の人もいること、その一方であふれるほどのモノに囲まれた快適な生活に閉じこもっているような人もいることが思い出され、日本がそこまで賞賛される国なのだろうかと複雑な気持ちにもなった。ただ確かなのは、戦時下のウクライナの人々からは「日本は自由で豊かな国」に見られているということだった。

終わらない攻撃の恐怖

ヘルソンの人々が語った、日本への憧れのような賛辞は、解放されたとはいえ、状況が依然厳しいことの裏返しのように感じた。

ロシア兵は撤退前にインフラ施設を破壊し、電気も水も止まったままだった。水汲み場にはバケツを持った人の長い列ができていた。通信インフラも破壊され、携帯電話もインターネットも全く通じなかった。大勢の住民がいた市の中心部の広場だが、人々は解放を祝うためだけに集まっていたわけではなかった。広場には臨時のアンテナが建てられ、広場とその周囲だけは電話やインターネットが通じることから、家族や知り合いと連絡をとるために集まってもいたのだ。32歳の女性は「ようやく親族と話せた」と安堵した表情で語った。その広場では支援物資の配給も始まっていた。薬を配る援助団体の車の周りには数十人が集まっていて、「子どもが熱を出していて解熱剤が欲しい」と訴える若い母親がいた。

取材中もひっきりなしにドーンドーンという爆発音が聞こえ、そのたびに砲撃かと身構えたが、ロシア兵が置いていった地雷の爆破処理の音だった。地雷の除去は発電所や水道、通信インフラなどの施設で優先的に進められていて、作業の責任者は「地雷を取り除かないと生活の再建は進まず、作業を急ぎたい」と話した。幹線道路の一角には取り出された対戦車地雷がいくつも並べられていた。実際、攻撃の恐怖も去っていない。ドニプロ川の反対側に退却したロシア軍は、そこからヘルソン市内に向けて執拗に砲撃を続け、11月21日の砲撃では一人が死亡し、4人がけがをした。その後も砲撃による死傷者は増え続けている。

しかも大きな成果とされたものの、地図で見ればヘルソンの町は広大な国土の中の点に過ぎず、依然、国のおよそ5分の1が占領されていることには変わりがない。大量の兵器を投入し、数か月かけて、多くの兵士の犠牲を出しながらも取り戻せるのはわずかな国土だけという厳しい現実。今後の反転攻勢の道のりの険しさを考えると愕然とした気持ちになった。

外務省の地下シェルターで

「こちらに下りるので、急いで欲しい」

ヘルソンからキーウに戻り、ドミトロ・クレバ外相のインタビューのために11月23日に外務省を訪れた時だ。その日もロシア軍は多くのミサイルをウクライナ全土に撃ち込み、キーウにも防空サイレンが鳴り響いていた。外務省に到着すると、入り口まで迎えに来てくれた外務省の職員の案内でただちに建物の地下シェルターまで階段を走って下りていった。古い重厚な建物はソビエト時代に建てられたもので、鉄の階段を駆け下りる我々の足音が響いた。

水道管がむき出しの冷え切った地下室で待っていると、クレバ外相がやって来た。ブルーの丸首セーターとチノパン姿だった。「このような場所でインタビューをすることになって残念だが、今日はおよそ70発のミサイルをロシア軍が撃ち込んだようだ。これがウクライナの日常になっている」と憤る気持ちを抑えるように淡々と話した。

キーウ市内の外務省地下のシェルターでインタビューに応じるクレバ外相。（画像提供：ＮＨＫ　2022年11月）

――インフラ施設への攻撃が激化しているが？

「停電、断水、ミサイル攻撃の中を生き延びる道を探す。我々は生き残り、勝ち残るという唯一の目標に向かって適応するまでだ。地獄のような冬になるだろう。それでも我々は生き延びてみせる。プーチンがもし我々を打ち負かすことができると考えているとしたら愚かなことだ。もしそう考えているのだとしたら、彼はウクライナの人々のことを何も分かっていない」

――ロシアとの交渉の見通しはあるのか？

「このインタビューが始まる前にもおよそ70発のロシアのミサイルと無人機による攻撃を受けウク

ライナ全土が停電した。4000万人の国民が断水の状態にある。これでロシアに交渉するつもりがあると言えるのだろうか。

ロシアとの交渉について何か発言する人たちは、ロシア側には交渉する用意があることを示すものは何一つないという事実を理解すべきだ。こんな状況なのに交渉しろというのは愚かなことだ」

グローバル・サウスにどう向き合うのか?

インタビューでは、ウクライナの外交、とりわけグローバル・サウスについて聞いた。

——ロシア非難に加わらないアジアやアフリカの国々をどう見るか?

「アジアの中で軍事侵攻を支持しているような国はおらず、北朝鮮だけではないかと思う。一方で中立を保とうとするアジアの国々が多いのも事実だ。アジアだけでなくアフリカやラテンアメリカの国々についても同様だ。

ウクライナに同情しているが、表向きはロシアとウクライナの双方に責任があるという立場をとったり、沈黙したままだったりする国々がある。しかしそれは公正なことではない。もしロシアが好きなように行動するのを許せば、世界のほかの国々にとって国際法は存在しなくなるも同然だからだ。国境は力によって変更することが可能になり、侵攻を続ける加害者が戦争犯罪を繰り返し、市民を拷問し殺すことを誰も止められないということを意味してしまう」

——そうしたグローバル・サウスの国々にどのように対応するのか？

「そうした国々の人々と話をし、説明をし、彼らの話を聞き、彼らの理屈を聞くことをしていく。そうした国々と対話し、対等なパートナーとして向き合わなければ何も達成できない。

ただはっきりさせなければならないことはある。それは、これはロシアとウクライナという二つの異なるナラティブの間で起きている戦争ではないということだ。『ロシアにも一理あり、ウクライナにも一理ある』という類いのものではない。ウクライナが体現する真実と、ロシアが吹聴する嘘の間で起きている戦争で、各国はどちらの側に立つのかはっきりとさせる必要がある」

——中国がグローバル・サウスなのかどうかは議論があるが、中国の立場をどのようなものだと見ているか？

「中国がこの戦争を、自国の戦略的利益という大きな文脈から見ていることもまた事実だろう。ロシアは中国にとって最も政治的に重要なパートナーだ。私の考えでは、中国にとって最も重要なことは世界的な競争関係においてロシアを政治的なパートナーにしておくことなのだろう。しかし中国の一貫した政策は領土の一体性を尊重することであり、それは今後もそうであると確信している。これは彼らの外交の柱だ。それだけにロシアが他国の領土の一体性を侵害していることを見過ごしていることはおかしなことだ」

長期化する侵攻

ヘルソンの奪還後、戦況は再び膠着した。

プーチン大統領がウクライナへの攻撃をやめる兆しはない。それどころか、民間軍事会社ワグネルの戦闘員もさらに多く送り込まれて、東部のドネツク州で大規模な攻撃を繰り返し、ワグネルは2023年5月に要衝の町バフムトを掌握したと発表。6月には武装反乱を起こし、ロシア側で一時混乱も見られたが、侵攻は続いていて、ウクライナの破壊と犠牲が拡大している。

アメリカが2003年3月に踏み出したイラク戦争は、結局2011年末にアメリカ軍が撤退するまで8年以上続いた。大量破壊兵器にしてもフセイン政権とアルカイダのつながりにしても、アメリカが喧伝した開戦の大義がまやかしだったこともあり、アメリカの国際的な威信は大きく傷つき、唯一の超大国ともてはやされた地位から滑り落ちた。プーチン大統領のロシアも同じように国として後退していくきっかけとなり、プーチン政権の終わりの始まりになるのだろうか。

その行く末は見えないが、はっきりしているのはそのロシアの暴挙を国際社会は依然一致団結して止めることができないでいることだ。グローバル・ノースとサウスは依然、連帯する道筋を見出《みいだ》せていない。

おわりに　ひまわりは枯れたけれども

壁一面の顔写真

首都キーウの中心部にある聖ミハイル修道院。黄金のドームで知られ、キーウを代表する場所の一つだ。この修道院の青い外壁の一面には、ロシア軍から国を守るために戦い、戦場で死亡したウクライナの兵士たちの顔写真が並べられている。顔写真には名前とともに生年月日と亡くなった日付も記されていて、中には19歳で命を落とした若い兵士もいる。「追悼の壁」と呼ばれるこの取り組みは、２０１４年のロシアによる一方的なクリミア併合以降、ウクライナ東部での戦闘で多くの戦死者が出たことを受けて、遺族が中心になり始まったものだ。

そのシンボルとして壁には大きなひまわりの絵が描かれている。ひまわりには24枚の花びらがあり、１枚１枚がウクライナの州を表している。一番下のちぎれた花びらは南部の

「聖ミハイル黄金ドーム修道院」の外壁には戦死したウクライナの兵士たちの顔写真が並べられ、さらに貼り出すためのスペースもできていた。（写真提供：ユニフォトプレス）

「追悼の壁」に描かれているひまわりの絵。（写真提供：著者）

クリミア半島で、右側にある折れ曲がった二つの花びらはロシア軍が一部を占領する東部のルハンシク州とドネツク州を意味しているという。

2014年8月29日は特に多くの兵士が

命を落とした日だったということで、その時、ドネツク州の町にあったひまわり畑は多くの兵士が身を隠して戦う場所であると同時に、多くの遺体が集められる場所にもなっていたことから、ひまわりが「追悼の壁」のシンボルになったと説明されている。

「黒い棒」が立ち並ぶ秋のひまわり畑

キーウを少し離れると、あちらこちらに広大なひまわり畑がある。

夏の間は鮮やかな黄色の大輪の花を咲かせ、太陽に向かって力強く伸びていた。しかし秋になると花は黒く枯れてうなだれるように下を向いた。茎《くき》も「黒い棒」のようになった。9月も後半になると、畑には冷たい雨が当たって冷えた空気が流れ込み、ひまわり畑は悲しく寂しそうだった。どう見ても陰気な光景だった。

その頃、激戦が続いていた南部ヘルソン州に隣接するミコライウ州で、戦闘の激しさを示すように、うち捨てられたロシア軍の軍用車両や撃墜されたヘリコプターが集められ展示されている場所を訪ねた。軍用車両の一部に枯れたひまわりが、あたかもそこに生えてきたかのように置かれていた。誰がどのような理由で置いたのかは分からないが、死亡した兵士を象徴しているようにも見えた。

「追悼の壁」にも次々に新たな顔写真が貼り出されている。反転攻勢が進む中でウクライナ軍の犠牲も増え続けているからだ。しかも、さらに貼り出すためのスペースもすでに確保されている。今後も兵士が戦死することが覚悟されているからだ。「領土を解放しない限り平和は訪れない。抵抗を続けるしか選択肢はない」というウクライナの悲痛な叫びがある。

枯れたひまわりには希望が詰まっている

しかし、枯れたひまわりは決して悲しみや犠牲だけを表しているのではないという。「追悼の壁」の説明文には次のように書いてある。

ひまわりの真ん中の部分はウクライナの国民を表している。
種はくっつき合っているため、ぽろぽろと落ちない――
これがひまわりの力なのだ。
この植物は簡単に地面に折り曲げることはできない。
種は地面に落ちた後、一粒一粒が生長して、大きな収穫をもたらす。

ひまわりは団結と再生の力を象徴しているというのだ。確かに枯れて黒くなったひまわりの真ん中には種が隙間なく詰まっている。そしてその種からはひまわり油が作られ、世界中に輸出されている。枯れるのは弱いことではなく、枯れるからこそ、その後、前に進むことができると教えてくれているようだ。

本格的な冬が訪れ、キーウ近郊のひまわり畑も一面雪に覆われた。その雪の下で、ひまわりの種は力を蓄え、再び大きな花を咲かせる準備をしている。ひまわりは枯れても希望をつないでいる。それを確信しながら、私は雪が降るウクライナを後にした。

まばゆい夜の町で

そして年が改まった2023年1月、4年半に及んだ南アフリカのヨハネスブルクでの駐在を終えて私は日本に帰国した。駐在中も新型コロナウイルスの影響で渡航制限があった時期を除いては年に一度は帰国していたので、東京に戻ったといっても何も特別なことではない。実際これまでも数年おきに日本と海外での勤務を行ったり来たりしてきた。帰国に伴う職場や役場での事務手続きで多少げんなりすることはあっても、家族との暮らしや友人との交流を再開できるのは素直にうれしいものであり、東京での仕事もすんなりと再開された。「長くアフリカにいて、特に最後の1年は戦地での仕事も多かったから、久しぶりの日本がどう見えるか」と聞かれ、「逆カルチャーショック」の話を期待されても面白い話ができないので恐縮してしまうほどだ。

それでも単純に驚いたことはあった。

東京の夜が街灯やネオンの輝きで実に明るいと感じた。ミサイル攻撃によって停電で真っ暗なキーウの夜とはあまりにも対照的だったからだろう。発電機の音が鳴り響くこともない。しかも、東京では深夜になっても人々は徒歩で行き交っている。繁華街では千鳥足の人もいれば、酒に酔って路上で寝ている人もいる。そもそもウクライナでは夜間外出禁止令があり、キーウを含めて夜11時以降は外出できなかった。

夜の町が明るく自由に徒歩で出歩けるというのは、ウクライナだけではなく犯罪が多い南アフリカはもちろん、アフリカの多くの国でも叶《かな》わないことだ。ヨハネスブルクでは日が暮れたら基本的に外出は控えるのが常識だ。日中であっても町中を自由に徒歩で歩くことはせずに、すぐ近くの場所にも車で移動する。その車にしても犯罪を警戒して窓は開けずにぴたっと閉める。ヨハネスブルクへの駐在は単身赴任だったので東京に戻って久しぶりに家族と暮らすようになったが、夕方に妻が近くまで買い物に出かけようとした時、「もう暗くなっているので明日にしたらどうか」と言って笑われることもあった。

東京が世界3位のGDPを誇る国の首都だということを改めて実感した。

ウクライナから見えてくるもの

そんな国で、戦争のリアルな現実がなかなか伝わらないような、もどかしい気持ちにもなった。

もちろんウクライナ情勢への関心は決して低くなく、ロシアの暴挙に憤り、ウクライナに寄り添いたいと考える人は多い。「ウクライナの日常について詳しく知りたい」と話す人もいる。その一方で「もし日本が侵略されても、自分は真っ先に逃げるから大丈夫だ」と豪語する中年男性もいた。しかしロシアに侵略されたウクライナでは、戒厳令によって18歳から60歳の男性は原則出国が禁じられたことが示すように、逃げることなんてなかなかできないだろう。飢えと渇きに怯え、停電や断水に耐えながら、自分や自分の家族が戦地に赴き、戦死することもある。息子のデニスさんを亡くしたマリアさんのように多くの母親が悲しむのが戦場のリアルな現実なのだ。「抵抗しても無駄だ」と言う人もいた。しかし、そう話す人は仮に日本が侵略され、自宅に外国の兵士が押し入り家族や友人を殺害するような事態になっている時に、外国人から「降伏せよ」とアドバイスされたらそうするのだろうか。しかも仮に降伏したとしてもそこで攻撃が終わる保証はなく、ウクライナの人たちは抵抗を止めたらむしろロシアの攻撃がいっそう強まり、破壊や犠牲が増えるという脅威に直面しているのだ。

また日本の政府首脳が「ウクライナは明日の東アジアかもしれない」と発言し、軍事力を増強する中国や台湾有事をめぐる関心が高まっている。その一方で、日米安全保障条約を指して「アメリカ軍が日本を守ってくれる」、「アメリカにどこまでもついていくしかない」という「受動的」な姿勢も一部で根強いように感じる。しかしウクライナのケースでも明らかだが、アメリカ政府はアメリカの国益を最優先しながら対応するのは言うまでもない。確かにウクライナはＮＡＴＯの加盟国でない。ただ、ウクライナが飛行禁止区域の設定を求めてもアメリカはロシアとの直接的な衝突にエスカレートする懸念から否定的であることが示すように、アメリカ政府はアメリカの計算に基づいて冷徹に政策を判断する。しかしそれは当然なことであり、その単純な事実をしっかりと見据える必要がある。

しかも、これも当然のことだが、アメリカが深刻な失敗をすることもある。折しもアメリカが国連安全保障理事会の決議を得ずにイラク戦争に踏み出して20年が経った。開戦の大義とされた大量破壊兵器にしても、フセイン政権とアルカイダのつながりにしても、多くの人が疑問を呈していたが、やはり存在しなかった。アメリカ政府の元高官からはその後、間違いを認め失敗を後悔する発言も出ている。そんな戦争を日本政府は2003年の開戦直後に「アメリカの武力行使を理解し、支持する」と表明した。アメリカに追従する形になったことを真摯に検証し、歴史の教訓をシビアに学んだ上で、現在に活かすことが求められている。

グローバル・サウスとの新たな国際連帯の道筋を見つけ出すための行動にしてもまだまだ十分ではない。いまだに「日本は日本のことにだけ専念しておけばよい」とでもいうような「内向き」な発想や、国際社会に関心を向けていると言いながらも「欧米にしか興味がない」というような姿勢の人もいる。ただ、そのような発想や姿勢では、変化する世界の新しい現実に対応できないことは明らかだ。

グローバル・ノースの日本

日本が世界からはグローバル・ノースの一角を占めていると見られていることもしっか

りと認識すべきだろう。

ウクライナでは日本が第二次世界大戦後の焼け野原や震災などの被害から立ち上がり復興を果たしてきたことは比較的よく知られていて、多くの人から「ロシアの侵略をはねのけて平和を勝ち取ったら、日本が成し遂げたように復興したい」という声を聞いた。「日本がウクライナに軍事支援できないことは理解しているが、復興での支援には期待している」という声も何回も聞いた。

イギリスのオックスフォード大学の研究者らが運営する「アワー・ワールド・イン・データ」（Our World in Data）の調査では、民主的な国で暮らす人は世界人口のうち29・1％程度で3人に1人にもならない。反対に70％以上の人が権威主義的な体制のもとで暮らしている。「自由に考えを述べ、自由に行動し、選挙で自由に投票できること」は世界の人口でいえば少数の人だけが享受できている。日本はその少数派の国だ。

国連安保理の常任理事国でないため拒否権という特権は持っていないけれども、世界の構図の中では、日本は「自由と平和、それに豊かさ」という何事にも代えられない特権を持っている側にいるのだ。

そして、問われて

こうした構図を前にしても、「国としてはそうであっても、個人としては実感できない」という反応や、反対に「そうした特権を個人の物質的な快適さのために使って何が悪い」といった反応もあるかもしれない。さらに「国の防衛や安全保障について考えるのは荷が重い」という反応もあるだろう。しかしウクライナ侵攻という現実は、我々がもはや世界の構図に対して無頓着のままでいることを許してくれず、日本人であると同時に地球市民として、「外向き」にも関心を持ち、「主体的」に行動するための新たな覚悟を求めているのではないだろうか。世界のリアルとかけ離れたパラレル・ワールド、あるいはバーチャル・ワールドと言ってもいいのかもしれないが、その中に閉じこもっているようなことになっていないか、常に自らに問いかけるべきだろう。

国連のグテーレス事務総長は２０２２年4月26日、侵攻が始まって最初にモスクワを訪問した時の記者会見で「人類は再び団結して、気候変動から疫病、その他多くの課題に取り組むことが期待されている。戦争をするならば、地球を危険にさらしているそうした課題に対してこそ戦争を起こさなければならない」と訴えた。平和の構築や核軍縮、格差の是正や貧困の撲滅、教育や雇用の機会の普及、気候変動や環境破壊への対策、人種や性別などに基づく差別の撤廃など解決が急がれている課題は国内外に山積みだ。

「より偉大な何か」を目指す闘いに無関係の人はもはやいない。ウクライナでしばしば聞いた「誰もが自分なりの役割がある」という言葉が耳に残っている。希望はつないでいける。いや、つないでいかなければならない。

あとがき

２０２２年2月24日にロシアによる軍事侵攻が始まったのを受けて、ウクライナでの現地取材は、3月、4月から5月、7月、9月、11月と5回に及び、合わせて延べ１２０日を超えた。２０２２年は3日に1日はウクライナにいたことになる。イラク戦争やシリア内戦それにアフガニスタン、イエメン、ソマリアなど、中東やアフリカの紛争を現地で取材してきたが、ウクライナは初めての地で手探りのスタートだった。「問答無用の緊張感」にさらされ、突き動かされるように取材を続けた。気がつけば、極寒の冬から、春、夏、秋へと季節は一巡し、再び冬になった。

その合間に本来のベースである南アフリカのヨハネスブルクに戻り、アフリカを現場にグローバル・サウスへの影響や受け止め方を追った。あまりにも忙しかったからか、時間の感覚がないほどだ。

そんな日々を仲間とともに駆け抜けた。ウクライナ取材班のプロデューサーのイホール・ヘラスコ、通訳のヤロスラブ・シャンボロフスキ、ボロデメル・クラマル、それに運転手のオレクシー・ジャービンと、広大なウクライナの大地を東から西に、南から北へと動き回った。防空サイレンが断続的に鳴る中、仕事は早朝から始まり、深夜にまで及ぶこともざらだった。

ヨハネスブルク支局のプロデューサーのエマニュエル・スワンドレ、ジョージ・モアチェ、運転手のチェポ・ドュベ、そして会計はじめいつも支局を切り盛りしてくれるアニヤ・グットマイヤーにも助けられた。ウクライナ取材の合間にアフリカの取材を押し込むような過密スケジュールで、いつもよりも難易度が上がる中でのアフリカ取材となった。

この本はこうした仲間の仕事と貢献、それに熱い気持ちを記録したものでもある。自分なりの感謝の気持ちを表したものになったのならば幸いだ。

ウクライナでは現場の安全管理者として東京などから出張してきた若い記者やカメラマンとも一緒に取材した。20年ほど前に自分がバグダッドでイラク戦争を取材していた年齢と同じような若い記者たちから多くのことを学ばせてもらった。またカメラマンたちからは、テレビの仕事は記者とカメラマンのチームワークで何倍も力を発揮できることを改めて教えてもらった。東京から支えてくれたデスク、上司、同僚、それに後輩たち、素材を受け取ってくれた回線や編集それに制作のスタッフたち、資金や機材を支援してくれた総務のスタッフたちなど、ひとつひとつのリポートや番組は多くの人の力の結晶だ。

そして改めて言うまでもないことだが最も重要なことは取材に応じ、協力していただいた全ての人たちだ。そうした人たちの思いのバトンを託され、受け取った以上は走るしかないという覚悟を与えてもらった。

集英社新書編集長の東田健氏には前著『アフリカ　人類の未来を握る大陸』に続き、再びお世話になった。この機会があったからこそ、走り抜けただけだった日々の取材ノートや手帳をじっくり見返してもう一度向き合い、貴重な問いかけを受けながら考えをまとめることができた。

多くの人に心からの感謝しかない。

２０２３年７月８日　ウクライナ侵攻が始まって５００日となった

東京にて　　別府正一郎

別府正一郎（べっぷ しょういちろう）

報道記者。一九七〇年、大阪府生まれ。京都大学法学部卒業後NHK入局。カイロ、ニューヨーク、ドバイ、ヨハネスブルクでの特派員を経て、二〇二三年一月から国際ニュース番組キャスター。新聞協会賞やボーン・上田記念国際記者賞などを受賞。著書に『ルポ　終わらない戦争　イラク戦争後の中東』（岩波書店）、『ルポ　過激派組織IS　ジハーディストを追う』（共著、NHK出版）、『アフリカ　人類の未来を握る大陸』（集英社新書）。

集英社新書一一七五A

ウクライナ侵《しん》攻《こう》とグローバル・サウス

二〇二三年八月二二日　第一刷発行

著者……別《べっ》府《ぷ》正《しょう》一《いち》郎《ろう》

発行者……樋口尚也

発行所……株式会社集英社

東京都千代田区一ツ橋二-五-一〇　郵便番号一〇一-八〇五〇

電話　〇三-三二三〇-六三九一（編集部）

〇三-三二三〇-六〇八〇（読者係）

〇三-三二三〇-六三九三（販売部）書店専用

装幀……原　研哉

印刷所……凸版印刷株式会社

製本所……加藤製本株式会社

定価はカバーに表示してあります。

ISBN 978-4-08-721275-4 C0231

Printed in Japan